MICHAEL BRECKWOLDT
DOROTHEA BAUMJOHANN

ERNTEGLÜCK
AUCH OHNE GARTEN

Gemüse geht überall!

INHALT

PRAXIS
für bodenlose Gärtner 82

VORWORT
Finden Sie das Glück mit selbst geerntetem Gemüse

Fast jeder möchte es derzeit tun. Vielleicht ist es so hip, weil es unsere Großeltern taten – und unsere Eltern davon keine Ahnung mehr haben. Es geht auch nicht bloß ums Gärtnern, sondern um den Anbau von Gemüse. Auf kleinem Raum. Möglichst überall in der Stadt. Neudeutsch heißt es »Urban Gardening«. Das klingt cool, kreativ und nach Freiheit. Beim Wort Selbstversorgung riecht man dagegen schon den Schweiß und sieht das Schwarz unter den Fingernägeln. Doch warum nicht? Was soll daran verkehrt sein, sich von den vielen Zwängen des Systems unabhängig zu machen und damit gleichzeitig die eigene CO_2-Bilanz zu verkleinern? Und das gelingt schon auf dem Balkon, also direkt vor unserer städtischen »Haustür«. Doch es erfordert eben echten persönlichen Einsatz.

Angesichts von Klimawandel und ausgelaugten Böden in der Landwirtschaft braucht es Alternativen. Entscheidend ist, dass Gemüse in Zukunft sehr viel ressourcenschonender angebaut werden muss. Deshalb sind kurze Transportwege so wichtig. Nur so bleibt das Grünzeug wirklich frisch, und es ist dafür gesorgt, dass wertvolle Vitamine und Antioxidanzien sich nicht in Luft auflösen. Gibt es kürzere Wege als die vom Balkon direkt in unsere eigene Küche? Also, nichts wie ran!

Alles, was man dafür braucht, ist ein bisschen Know-how und das richtige Anbausystem, passend zu dem Ort, der einem zur Verfügung steht, seien es nun Balkon, Terrasse oder Hinterhof. Natürlich haben wir die Basics, die zum Gelingen eines kleinen Selbstversorger-Gartens unverzichtbar sind, für Sie zusammengetragen. Wir haben uns im Netz umgesehen und die vielen Ideen, die sich dort tummeln, einem Experten-Check unterzogen. Und wir haben Bepflanzungspläne für Sie ausgetüftelt, die das Ernteglück quasi schon in sich tragen. Aus dem Pflanztopf direkt in den Kochtopf – wir wünschen Ihnen viel Erfolg und Freude dabei!

Michael Breckwoldt
Dorothea Baumjohann

BASICS –
Gärtnern ohne Garten

Die Frühlingssonne lockt, und Saatgutständer entfalten plötzlich eine magische Anziehung. Wen solche Gefühle ergreifen, der besitzt tief in seinem Inneren eine Gärtnerseele, auch wenn er das bislang nicht wusste. Warum nicht den eigenen »grünen Daumen« erproben? Mit dem nötigen Wissen lassen sich selbst kleine Plätzchen wie Balkon, Terrasse oder Hinterhof in ein Selbstversorger-Gärtchen verwandeln. Das folgende Kapitel versorgt Sie mit dem nötigen Know-how.

WAS IHR WOLLT
Die natürlichen Ansprüche der Pflanzen

Die Bedingungen auf Balkon und Terrasse lassen uns oft keine Wahl. Selbst wenn der Wind um die Ecken pfeift, die Hitze sich schweißtreibend staut oder ausladende Bäume wenig Licht durchlassen, drapieren wir unsere Pflanzen – so gut es eben geht. Dennoch sollten wir um die Verhältnisse in der Natur wissen und uns diese zum Vorbild nehmen.

VORBILD NATUR

Gewöhnlich lassen sich Pflanzen nicht wie Möbel beliebig von einer Ecke in eine andere schieben. Wer Gärten plant, weiß um die speziellen Bedürfnisse der diversen Gewächse, die sie für ein gesundes Wachstum benötigen, und richtet sich danach.

Schattenliebhaber

Verfolgen wir daher einmal die Lebensbedingungen einzelner Pflanzen zurück an ihren natürlichen Standort. Typische Waldpflanzen wie Bärlauch, Waldmeister, Sauerklee und Brombeeren sind daran gewöhnt, dass mächtige Baumkronen sich über ihnen ausbreiten, die das Licht nur gefiltert durchdringen lassen und die Luft kühlen. Ihre Wurzeln saugen aus den feuchten Laubschichten am Boden lebensnotwendige Nährstoffe. Die Walderde ist reich an Humus, der sich nach und nach zersetzt und den Pflanzen beste Voraussetzungen zum Wachsen und Gedeihen bietet. In unserem Wohnumfeld werden sich Waldpflanzen kaum wohlfühlen, wenn ihr Laub beispielsweise der sengenden Sonne ungeschützt ausgeliefert ist.

Sonnenanbeter

Andere Gewächse lechzen geradezu nach intensiver Lichteinstrahlung und Hitze, wie Rosmarin, Lavendel, Oregano, Ysop und Thymian. Sie geben sich meist mit flachgründigen, karstigen Böden zufrieden. Denn sie stammen ursprünglich von Felssteppen, Heiden und Halbtrockenrasen. Oder aus der Macchia rund ums Mittelmeer, wie die gerade erwähnten mediterranen Kräuter. Nährstoffe sind dort Mangelware, was den Pflanzen nichts ausmacht. Im Gegenteil: Zu viel Dünger lässt sie stark ins Kraut schießen, die Triebe werden weich und krankheitsanfällig, und die Blätter verlieren an Aroma. Selbst in Trockenzeiten kommen diese pflegeleichten Gewächse mit wenig Wasser aus.

Für jeden etwas

Hinter diesen ganz unterschiedlichen Bedürfnissen steckt ein weiser Verteilungsplan der Natur. Da nicht der gesamte Grünwuchs nur die nährstoffreichen und gut mit Wasser versorgten Plätze an der Sonne für sich beanspruchen kann, haben sich die Pflanzen über Jahrhunderte hinweg spezialisiert. Einige nahmen eher schattige Orte für sich in Beschlag. Andere wichen auf magere Böden aus, und wieder andere entdeckten für sich die feuchten Stellen in Wassernähe. Die Verbreitung der gesamten Flora hat sich im Lauf der Evolution vollzogen. Biologen sprechen von ökologischen Nischen, Gärtner hingegen von Standortansprüchen, die für jede Pflanze spezifisch sind. Sie haben sich dort eingerichtet, wo sie mit ihren Nachbarn gut auskommen. Stille Vereinbarungen haben dazu geführt, dass ihre Wurzeln sich nicht in die Quere

kommen. Die einen bilden lange, schmale Rüben aus, andere preschen mit vielen feinen Ausläufern in die Breite. Für beide sind ausreichend Nährstoffe vorhanden, weil sie sich in unterschiedlichen Tiefen des Bodens bedienen – vorbildliches Miteinander, cleveres Konkurrenzverhalten.

Perfekt angepasst

Vielen Pflanzen sieht man die Anpassung an ihre jeweilige Herkunft auch an. Waldpflanzen etwa, die sich in den Schatten der Bäume zurückgezogen haben, besitzen häufig große, dünnhäutige Blätter, mit denen sie das spärliche Sonnenlicht optimal einfangen können. Auch die Heißsporne erkennt man sofort: Ein grauer Filz und nadelartige Blätter schützen diese Pflanzen vor übermäßiger Verdunstung und UV-Strahlung. Umgekehrt mögen sie keine anhaltende Nässe. Vor allem ihre Wurzeln sterben dann ab – ein Grund, warum mediterrane Kräuter den Winter über sowohl gegen starke Fröste als auch gegen wochenlange Regenfälle geschützt werden müssen.

Mit ausreichend Licht und etwas Windschutz lassen sich die meisten Gemüsepflanzen auch im urbanen Umfeld in Kästen, Kübeln und Töpfen heranziehen.

9

VOM KOMPASS-LATTICH ZUM KOPFSALAT

Jahrhundertelange gezielte Auslesen haben aus einem Unkraut die Urformen des Salates gemacht. Der Kompass-Lattich (*Lactuca serriola*) gilt als enger Verwandter unseres Salates (*Lactuca sativa*). Beide Arten führen im Spross reichliche Mengen an weißem Milchsaft (»Lac« bedeutet in der lateinischen Sprache »Milch«). Die stachelig gezähnten Blätter des Wildkrautes zeigen in Nord-Süd-Richtung, daher der Name Kompass-Lattich. Durch diesen Mechanismus vermeidet die Pflanze ein Überhitzen der Blätter infolge intensiver Sonnenstrahlung. Denn man findet sie überwiegend in Hochlagen bis 1000 Meter. Die Kräuterbücher des Mittelalters würdigen die heilsame Wirkung des Lattichs vor allem gegen Schlaflosigkeit. Der immensen Formenvielfalt des Lattichs und den experimentierfreudigen Gaumen unserer Vorfahren verdanken wir, dass aus dem stacheligen, hoch aufragenden Gewächs eine zartblättrige, Köpfe bildende Gemüsepflanze wurde.

HÄRTER IM NEHMEN

Die meisten Nutzpflanzen wurden im Laufe vieler Jahrhunderte durch Züchtung mehr oder weniger stark verändert. So haben sie den Bezug zu ihren natürlichen Wurzeln zumindest teilweise verloren. Dennoch gibt es noch die Urahnen von Salat, Kohl, Möhre und vielen anderen Gemüsearten. An denen der Möhre etwa laufen wir vorbei, wenn wir die urbanen Zentren verlassen. Fast überall auf Wiesen und an Wegrändern wächst die bis zu 120 Zentimeter hohe Wilde Möhre (*Daucus carota* ssp. *carota*), sommers zu erkennen an den weißen Doldenblüten mit violett-schwarzem Punkt in der Mitte. Die mitteleuropäischen und mediterranen

Formen besitzen weiße, die zentralasiatischen purpurrote und gelbe Wurzeln. Aus Kreuzungen dieser drei entstand unsere heutige Karotte. Inzwischen kommen wieder violette, weiße und gelbe Sorten auf den Markt, die den Wildformen ähnlich sehen. Die Standortansprüche zwischen Wild- und Zuchtformen unterscheiden sich kaum. Beide wünschen sich lockere Böden ohne Staunässe und möglichst Sonne. Das Gros der Gemüsepflanzen bevorzugt solche eher ausgewogenen Bedingungen, die wir ihnen nicht immer bieten können. An manch schwierigem Standort hilft es daher, auf Wildgemüsearten zurückzugreifen (> Tabelle). Sie sind meist härter im Nehmen. Gerade im Schatten gedeiht kaum eine Gemüse- oder Kräuterart zufriedenstellend. Dort sind Wildkräuter, die in der Natur in Wäldern oder an Waldrändern vorkommen, viel besser geeignet, frisches Grün für Salate zu liefern.

HIER IST GUT LEBEN

Andererseits sollten wir uns nichts vormachen. Ob Balkon, Terrasse, Hinterhof oder sonstige Nischen innerhalb der Stadt, es handelt sich dabei immer um künstliche, von Menschen geschaffene Räume. Es ist also vor allem an uns, viel dafür zu tun, damit sich die Pflanzen dort wohlfühlen – und es ist gut, sich vor Augen zu führen, dass wir es mit lebendigen Organismen zu tun haben, die sich nicht unbedacht irgendwo abstellen lassen.

Auf Wiesen und an Wegrändern wächst allerorten die Wilde Möhre (Daucus carota ssp. carota). Sie ist der Vorfahr der Speise-Karotten.

WILDGEMÜSE FÜR BESONDERE STANDORTE

NAME	STANDORT	ESSBARE TEILE	GUT ZU WISSEN
Wald-Sauerklee (Oxalis acetosella)	schattig und feucht	Blätter im Frühling im Salat; Blüten, Früchte	erhält seinen säuerlichen Geschmack durch Oxalsäure, daher keine großen Mengen essen
Rapunzel-Glockenblume (Campanula rapunculus)	sonnig bis halbschattig	Blätter, Blüten im Salat; Wurzeln wie Radieschen	Blätter schmecken nach Erbsen
Pfennigkraut (Lysimachia nummularia)	sonnig bis halbschattig	Blätter und Triebspitzen wie Kresse fein hacken	fein säuerlicher Geschmack
Austernpflanze (Mertensia maritima)	halbschattig, keine direkte Sonne	die zarten Blätter in gemischten Salaten	der Geschmack erinnert an Austern, bei Köchen beliebt
Guter Heinrich (Chenopodium bonus-henricus)	halbschattig	Blätter als Salat oder Spinat	seine Bitterstoffe neutralisiert eine Prise Zucker
Englischer Spinat (Rumex patientia)	sonnig bis halbschattig	Blätter fast das ganze Jahr über als Spinat oder Suppe	leicht säuerlicher Geschmack
Berg-Sauerampfer (Rumex ariofolius)	halbschattig	Blätter das ganze Jahr über in Salaten, Suppen, Saucen	säuerlicher Geschmack
Wilde Rauke (Diplotaxis tenuifolia)	sonnig, anspruchslos	Blätter und Blüten in Salaten	regelmäßig die Blüten entfernen, schärfer als die Salat-Rauke
Süßdolde (Myrrhis odorata)	schattig bis halbschattig	Blätter wie Kerbel; Samen; Wurzeln wie Pastinake	anisartiges Aroma
Kleiner Wiesenknopf (Sanguisorba minor)	halbschattig bis sonnig	zarte Blätter fein geschnitten in Salaten	Geschmack nach Haselnuss und Gurke
Bärlauch (Allium ursinum)	schattig bis halbschattig	Blätter klein gehackt in Salaten, Suppen, Pesto	knoblauchartiger Geschmack
Wald-Erdbeere (Fragaria vesca)	sonnig bis halbschattig	reife Früchte in Desserts, Kuchen, Marmeladen	intensiver Geschmack

LOCKER & LUFTIG
Wohlfühlprogramm für Pflanzenwurzeln

Der Boden versorgt die Pflanze mit Nährstoffen und Wasser. Auf beides kann sie nur zugreifen, wenn der Boden locker ist und ausreichend Hohlräume bestehen, in die ihre Wurzeln vordringen können. Sind diese Poren verdichtet oder mit Wasser gefüllt, geht den Pflanzen die Luft aus. Dies gilt es auch beim Gärtnern in Gefäßen zu berücksichtigen.

VOM WACHSEN IM BODEN ...

Als Mutterboden bezeichnet man die oberste und fruchtbarste Schicht des Bodens. Hier tummeln sich Myriaden kleiner Lebewesen: Ob Bakterien, Pilze, Asseln, Springschwänze oder Regenwürmer – sie alle machen sich über abgestorbene Blätter und andere organische Abfälle her und vermischen sie in ihrem Verdauungstrakt mit den mineralischen Bestandteilen des Bodens. So entsteht Humus. Er macht die Böden locker und luftig und sorgt dafür, dass Feuchtigkeit sowie Nährstoffe gespeichert werden und den Pflanzenwurzeln zur Verfügung stehen. Für einen fruchtbaren Garten ist Humus einfach unverzichtbar. Deshalb versorgen Gärtner den Boden mit viel organischer Substanz, am besten in Form von Kompost. In humusreichen Erden finden Pflanzenwurzeln alles, was sie brauchen, um sich wohlzufühlen und die oberirdischen Teile der Pflanze gut zu versorgen.

Sticht man mit dem Spaten ein Stück Boden aus und legt es vorsichtig vor sich hin, kann man mehrere Schichten entdecken. Die oberste ist der sogenannte Humushorizont. In ihm findet man ein optimales Porengefüge, das heißt, es sind neben feinen Poren auch viele grobe Poren vorhanden. In ihnen spielt sich der Luft- und Wasseraustausch ab. Pflanzenwurzeln brauchen beides: Ohne Luftzufuhr sterben sie ab und können die oberen Pflanzenteile nicht mehr mit Wasser versorgen.

Ist ein Boden stark verdichtet, enthält er zu wenig Sauerstoff, da ein Großteil der Poren zerstört ist. Ähnlich ist es bei einem staunassen Boden. Sind nämlich alle Poren mit Wasser gefüllt, ist die Luft gleichfalls knapp. Dieses Wechselspiel müssen auch Gärtner ohne Garten immer vor Augen haben. Es bestimmt die Auswahl an geeigneten Topferden und die Intervalle des Gießens.

... UND IN TÖPFEN

Organisches Material wie Humus bietet optimale Bedingungen für das Pflanzenwachstum. Doch muss man grundsätzlich zwischen den Verhältnissen im Garten und denen im Topf unterscheiden.

Vorsicht, Staunässe!

Gartenböden reichen tief hinunter ins Erdreich. Nach der obersten Schicht, dem Humushorizont, folgen weitere Schichten, in denen der Humusanteil zugunsten der mineralischen Bestandteile immer weiter abnimmt, bis hin zum Untergrund, dem sogenannten gewachsenen Boden. Die unterste Schicht bildet das Ausgangsgestein, das nahezu ausschließlich aus unverwittertem Gestein besteht. Alle Schichten sind durch Poren verbunden, die häufig mithilfe von Regenwürmern entstanden sind. Nach einem starken Regenguss kann das Wasser somit gut ins Erdreich versickern.

Genau diese Möglichkeit bieten die Verhältnisse im Topf nicht. Wird dieser stark gewässert, kommt es aufgrund des kleineren Verteilungsvolumens rasch zu einer Sättigung der Erde. Das führt zu Engpässen in der Sauerstoffversorgung, da das Wasser nicht ungehindert durch das Loch im Topfboden abfließt, sondern nur der Überschuss entweicht.

Saugfähig wie ein Schwamm

Um das nachvollziehen zu können, stellen Sie sich einen grobporigen Schwamm vor, der ganz und gar mit Wasser gesättigt ist. Auch wenn man ihn hochnimmt, tropft das Wasser nicht heraus. Das hat mit der sogenannten Saugspannung zu tun. Die Poren halten das Wasser entgegen der Schwerkraft fest. Diese Spannung nimmt zu, je feiner die Poren sind. Daran ist auch die Oberflächenspannung des Wassers beteiligt. Durch einen leichten Händedruck trieft ein Teil des Wassers heraus. Die groben Poren mit der geringsten Saugspannung sind nun statt mit Wasser wieder mit Luft gefüllt. Je mehr der Schwamm zusammengequetscht wird, desto mehr Flüssigkeit verliert er. Lässt sich mit bloßen

Vor allem Möhren benötigen einen lockeren, luftigen Boden, damit sich ihre Wurzelkörper zu schlanken, lang gestreckten Rüben entwickeln.

KOMPOST VOM RECYCLINGHOF

In vielen Gemeinden bieten Recyclinghöfe und Kompostwerke Grünschnittkompost als Pflanzerde an, idealerweise mit RAL-Gütezeichen. Dieser besteht aus Gartenabfällen, Gehölz- und Rasenschnitt. Preiswert können Sie ihn als Schüttgut erwerben. Dann muss er mit einem Anhänger abgeholt werden. Teilweise bekommt man ihn auch in kleinen Mengen und in Säcken abgefüllt. Der Grünschnittkompost ist ideal zum Befüllen von Hochbeeten und großen Pflanzgefäßen. Eigene Erfahrungen haben gezeigt, dass diese Komposte schneller austrocknen als die meisten Blumenerden. Komposte sind reich an Nährstoffen, die allerdings erst bei höheren Temperaturen für die Pflanzen verfügbar werden. Daher brauchen junge Pflanzen zu Beginn der Vegetationszeit zusätzlichen Dünger – am besten in flüssiger Form.

Händen nichts mehr herauspressen, so bleibt der Schwamm dennoch feucht. Die feinen Poren halten immer noch kraftvoll Wasserpartikel fest. Intakte und mit Sauerstoff versorgte Pflanzenwurzeln wirken wie eine Saugpumpe. Sie können Wasser entgegen der Schwerkraft ansaugen und auch dessen Oberflächenspannung überwinden. Das hat mit dem Zelldruck und der Verdunstung von Wasser über die Blätter zu tun. Doch Pflanzenwurzeln besitzen keine Herkuleskräfte. Sie können sich, um im Bild vom Schwamm zu bleiben, nur bei Poren großer und mittlerer Größe bedienen.

DAS RICHTIGE SUBSTRAT

Physikalisch gesehen funktioniert ein Blumentopf mit Erde ganz ähnlich wie ein Schwamm. Auch er lässt sich mit Wasser sättigen und gibt es dann peu

à peu wieder ab. Der Druck, der auf das Wasservolumen wirkt, wird in diesem Fall nicht von den Händen, sondern von den Pflanzenwurzeln ausgeübt. Wie groß das Aufnahmevolumen der Erde ist und wie sich der Anteil an Grob- und Feinporen verteilt, hängt von der Art des Bodens ab, den man einfüllt.

Gut geerdet

Wer nun glaubt, ein guter humusreicher Mutterboden wäre ideal für Töpfe, liegt falsch. Dieser wäre eher mit einem feinporigen Schwamm vergleichbar. Eine ideale Topferde braucht jedoch vor allem große und mittlere Poren. Diese sind wichtig, denn sie geben das Wasser leicht an die Wurzeln ab und füllen sich schnell wieder mit frischer Luft, sobald ein Teil des Wassers verbraucht ist. Diese Zusammenhänge haben Gärtner schon früh erkannt. Ehemals mischten sie daher Erden aus gut verrottetem Laub, Kompost und etwas Lehm – die genauen Rezepturen blieben weitestgehend geheim. Das änderte sich erst nach dem Zweiten Weltkrieg, als der Gartenbauwissenschaftler Anton Fruhstorfer die sogenannte Einheitserde entwickelte. Ihre standardisierte Rezeptur basierte in der Hauptsache auf Torf. Das faserige Naturprodukt, das aus trockengelegten Mooren gewonnen wird, erfüllt optimal die physikalischen Anforderungen an eine Topferde. Vor allem das große Porenvolumen des Torfs sorgt für eine ideale Versorgung der Wurzeln mit Wasser und Luft.

Für das Gärtnern in Töpfen benötigt man spezielle, luftige Erden. Gartenböden sind dafür ungeeignet.

Erden auf Torfbasis sind immer so präpariert, dass sie gut pflanzenverträglich sind. Reiner Torf ist dagegen extrem sauer. Er eignet sich nur für spezielle Moorbeetpflanzen wie Rhododendren, Heide und Blaubeeren. Inzwischen erfüllen auch Substrate die hohen Standards einer Topferde, in denen Torf teils durch Rindenhumus, Grünschnittkompost, Holz- oder Kokosfasern ersetzt wurde. Diese Entwicklung war in jedem Fall nötig, um die letzten intakten Moore weltweit zu schützen. Auch völlig torffreie Erden sind inzwischen weit verbreitet. Pflanzen, die darin herangezogen werden, müssen in der Regel nur etwas häufiger gegossen werden.

Substrate für Topfgärtner

Für welche Erde soll man sich denn nun aber entscheiden? Wer die vielen Stapel in den Garten- und Baumärkten sieht, ist zunächst ratlos. Es muss kein Fehler sein, wenn man zu einer Pflanzerde greift, die gerade im Angebot ist. Meist sind die Inhaltsstoffe dann von keiner so guten Qualität wie diejenigen eines höherpreisigen Markenprodukts. Der Torf ist stärker zersetzt, also nicht so hochwertig wie ein langfaseriger Hochmoortorf, und häufig

finden sich Holzstücke und andere grobe Partikel in dem Substrat. Alles in allem taugt es aber zum Anbau von eigenem Gemüse, vor allem dann, wenn man die Erde in einem großen Gefäß verwenden will. Dort stört ein Stück Holz weniger als in einem kleinen Topf oder Balkonkasten. Zudem wird die

Günstige Substrate enthalten im Gegensatz zu hochwertigen Erden feineren Torf und Holzstücke. Für den Gemüseanbau in Gefäßen eignen sich alle gleichermaßen.

SPEZIELLE ERDEN UND WOFÜR DIESE GEEIGNET SIND

o **Balkonpflanzen-, Blumenerde:** alle Gemüsearten. Für solche, die höheren Nährstoffbedarf haben, wie z. B. Tomaten, müssen diese Erden meist noch etwas aufgedüngt werden.

o **Geranien-, Blühpflanzen-, Tomatenerde:** Gemüsearten mit höherem Nährstoffbedarf wie Tomaten, Paprika, Zucchini, Kürbisse, Gurken, Kartoffeln und viele Kohlarten.

o **Bio-Erde:** alle Gemüsearten. Für solche, die höheren Nährstoffbedarf haben, wie z. B. Tomaten, müssen diese Erden meist noch etwas aufgedüngt werden.

o **Aussaat-, Stecklings-, Anzuchterde:** für Gemüseaussaaten.

o **Kübelpflanzen-, Grünpflanzenerde:** alle Gemüsearten. Für solche, die höheren Nährstoffbedarf haben, wie z. B. Tomaten, müssen diese Erden meist noch etwas aufgedüngt werden.

o **Rhododendronerde:** für Blaubeeren, Cranberrys, Preiselbeeren.

o **Zitruspflanzenerde:** alle Zitrusgewächse.

o **Kräutererde:** für mediterrane Kräuter.

Erde dort hin und wieder gelockert und mit anderen Stoffen wie Düngern etc. gemischt.

Grundsätzlich sind alle Blumen-, Kübel- und Grünpflanzenerden als Basis für den Gemüse- und Kräuteranbau in Gefäßen geeignet. Sie unterscheiden sich lediglich in der Zusammensetzung bestimmter Ausgangsmaterialien, also darin, wie viel Torf, Kokosfasern, Kompost und andere Zuschlagstoffe darin zusammengemischt sind, und in der Höhe der jeweiligen Nährstoffgehalte.

So enthalten Blühpflanzen- oder Geranienerden in der Regel mehr Nährstoffe und sind meist mit sogenannten Langzeitdüngern versehen (genaue Informationen finden Sie auf dem Sack), die über mehrere Monate wirken. Davon profitieren Sommerblüher, die lange davon zehren sollen. Unter den Gemüsearten brauchen nur Kartoffeln sowie Tomaten-, Zucchini-, Gurken-, Kürbis- und Kohlpflanzen ebenfalls hohe Nährstoffmengen. Mediterrane Kräuter und alle Aussaaten kommen damit nicht zurecht. Für sie gibt es spezielle Aussaat- oder Kräutererden. Diese enthalten nur wenige Nährstoffe. Werden die Jungpflanzen erwachsen, müssen sie entsprechend nachgedüngt oder in andere Erden umgetopft werden. Praktisch ist es, wenn man zwei Erden kombiniert. So füllt man das Gefäß zuerst mit einer normalen Blumenerde und bedeckt nur die oberen zehn Zentimeter mit einer Aussaaterde. So können die Samen nach der Aussaat in einem nährstoffarmen Milieu keimen. Später erhalten die älteren Pflanzen dann aus den tieferen Schichten mehr Nährstoffe.

EIN TOPF FÜR ALLE FÄLLE

Inzwischen gibt es wohl kaum einen Behälter, der nicht bereits zum Pflanzengefäß umfunktioniert wurde. Aus Joghurtbechern, Dosen, Gläsern und Tetra Paks sprosst frisches Grün von Salaten und Kräutern. Regenrinnen, Europaletten, Brotkisten und Reissäcke mutierten zu ausgeklügelten Beetsystemen. Selbst Einkaufswagen, Schuhe und Taschen wurden schon zweckentfremdet, um Tomatenpflanzen, Möhren und Erdbeeren eine

neue Heimat zu geben. Über diese improvisierten und originellen Ideen hinaus bietet der Handel eine Vielzahl professioneller Gefäße an.

Welche Gefäße eignen sich nun am besten für den Anbau von Kräutern und Gemüse?

○ Zunächst muss jedes Gefäß am Boden ein großes Loch oder mehrere kleinere Löcher haben, damit überschüssiges Wasser abfließen kann. Sind diese nicht von vornherein vorhanden, müssen sie mit einem Bohrer (mindestens zehn Millimeter Durchmesser) gebohrt oder mit einem spitzen Gegenstand gestochen werden. Diese kleinen Öffnungen sollten, bevor Pflanzerde in den Topf kommt, mit einer Tonscherbe abgedeckt werden, damit sie nicht sogleich verstopfen.

○ Je größer das Volumen eines Gefäßes ist, desto besser können sich die Pflanzen darin entfalten. Denn es können so mehr Wasser und Nährstoffe aufgenommen und den Gewächsen zur freien Verfügung gestellt werden.

Alle Gefäße müssen am Boden mindestens ein größeres Wasserabzugsloch besitzen. Es wird mit Tonscherben abgedeckt, damit die Erde den Abfluss nicht verstopft.

○ Höhere Gefäße sind flachen vorzuziehen. Das leuchtet ein, wenn man etwa an Möhren denkt, die mindestens eine Tiefe von 20 Zentimetern benötigen, um schöne Karotten auszubilden. Doch auch was zuvor über die Verteilung von Luft und Wasser gesagt wurde (> Seite 13), hängt entscheidend von der Höhe eines Gefäßes ab. Je höher ein Gefäß ist, desto mehr Kraft müssen die feinen Poren innerhalb der Erde aufwenden, um das Wasser gegen die Anziehungskraft festzuhalten. Die unteren Teile eines Gefäßes sind also schnell mit Wasser gesättigt. Bei flachen Gefäßen geht das rascher, und der Sauerstoffgehalt ist gering. In höheren Gefäßen nimmt der Sauerstoffanteil nach oben zu. Das bedeutet zugleich, dass sie bis zur Sättigung noch einmal zusätzlich Wasser aufnehmen können und damit in Trockenzeiten größere Reserven besitzen.

○ Durch einen Trick lässt sich die Luftversorgung der Wurzeln noch verbessern. Dazu werden am Boden eines Gefäßes zusätzlich Tonscherben, Kies oder Blähton platziert, um eine wenige Zentimeter hohe Drainageschicht zu schaffen. Diese versorgt die Wurzeln selbst dann noch mit Sauerstoff, wenn das Gefäß mit Wasser gesättigt ist. Dies ist nur in höheren Töpfen möglich. Wurzeln oberhalb der Drainageschicht können allerdings immer noch unter Sauerstoffmangel leiden.

○ Wird schließlich Erde in die Gefäße gefüllt, muss diese verdichtet werden. Dazu drückt man sie mit den Händen oder Fäusten fest in den Topf hinein. Das verhindert ein rasches Sacken der Füllung schon in den ersten Wochen. Zudem sorgt es dafür, dass die Pflanzen festen Halt finden.

Viele unterschiedliche Gefäße und Anbausysteme finden Sie im Kapitel »Ersatzgärten für jeden Standort« (> Seite 57). Dort werden sie vorgestellt und auf ihre Eignung hin bewertet.

AUSSÄEN & EINPFLANZEN

In »Praxis für bodenlose Gärtner« (> Seite 83) finden Sie eine Reihe von Anbauplänen, die Ihnen helfen, erfolgreich über das Jahr hinweg Gemüse

Für eine genaue Ablage des Saatguts wird es mit den Fingern im passenden Abstand in der Erdrille verteilt.

und Kräuter zu kultivieren. Ein Teil des Gemüses wird dafür direkt an Ort und Stelle in die Gefäße gesät. Andere Gemüsearten müssen dagegen als Jungpflanzen gekauft oder auf der Fensterbank vorgezogen und dann eingepflanzt werden.

Direktaussaat

Wollen Sie direkt in ein Gefäß aussäen, wird zuerst die Erdoberfläche glatt gestrichen und mit den Händen oder einem Brett leicht angedrückt. Dann wird eine ein bis zwei Zentimeter tiefe Rille gezogen. Haben Sie die Saattüte aufgeschnitten, knicken Sie die Längsseite ein. Aus diesem Falz können die Samen gezielt mit dem Finger herausgeklopft werden. Das ist hilfreich, um sparsam mit dem Saatgut umzugehen. Sollte nur jedes zweite Samenkorn keimen (Keimfähigkeit bei 50 %), so müssten dort, wo später ein Radieschen wachsen soll, zwei Samen mit geringem Abstand in die Rille purzeln. Machen Sie sich am besten eine Vorstellung von der Größe des reifen Gemüses und richten Sie danach den Platzbedarf und Abstand des Saatkorns aus. Denken Sie jedoch daran, dass Schnittsalatpflänzchen nicht den Abstand eines Salatkopfes benötigen, sondern nur wenige Zentimeter auseinanderstehen. Abschließend wird die Rille zugezogen, die Saat angedrückt, gewässert und mit einem Etikett versehen. Direkt ausgesät werden in der Regel alle robusten Gemüsearten, die schon früh im Jahr oder ab Sommer in die Erde kommen können, also Möhren, Salate, Spinat, Erbsen, Mangold, Radieschen, Rettiche u. v. a.

Blitzstart für Eilige

Viele Gemüsearten werden alternativ auch vom Gärtner als Jungpflanze angeboten. Dann haben Sie die Wahl: direkte Aussaat oder junge Pflanze setzen. Letzteres sorgt für einen Vorsprung, da die Pflanzen im Gewächshaus vorkultiviert wurden. So können Sie eher ernten. Das empfiehlt sich z. B. bei Kohlrabi, Petersilie und Schnittlauch, die alle eine relativ lange Entwicklungszeit haben.

Achten Sie beim Kauf darauf, dass die Ware frisch ist. Überständige Pflanzen, also solche, die schon lange darauf warten, gekauft zu werden, sollten Sie besser stehen lassen. Letztere erkennt man an Verfärbungen, etwa gelb oder rötlich angelaufenen Blättern. Der Ballen sollte kompakt und gut durchwurzelt sein. Unerwünscht sind Wurzeln, die im Topf bereits im Ring wachsen (Spiralwurzeln) oder aus diesem herauswuchern.

Vor dem Einpflanzen sollten Sie die Jungpflanzen noch einmal gründlich wässern, damit der Ballen gut feucht ist. Um zu verhindern, dass die Erde dabei abgewaschen wird, bleiben die Zöglinge noch in den Töpfen und Schalen. Tauchen Sie diese in einen Eimer mit Wasser, bis keine Luftbläschen mehr aufsteigen. Erst dann werden die Pflanzen vorsichtig herausgenommen. Hierzu drehen Sie die Töpfe auf den Kopf und sorgen mit einer Hand dafür, dass die Pflanze nicht unvermittelt herausrutscht und auf den Boden plumpst. Setzen Sie die Pflanzen immer nur so tief in die Erde, dass der Ballen mit der Oberfläche abschließt. Daher erst einmal nur ein kleines Loch graben und die Pflanze probehalber hineinsetzen. Passt die Größe des Pflanzlochs, wird der Ballen mit den Fingern beider Hände fest hineingedrückt. Abschließend die Jungpflanze nochmals kräftig wässern, das verbessert den Kontakt mit der umgebenden Erde.

Neben der Direktaussaat können Pflanzen in kleinen Töpfen vorkultiviert werden. Empfehlenswert ist dies in jedem Fall für frostempfindliche Arten wie Tomaten, Paprika und Zucchini.

Jungpflanzen vom Gärtner haben einen Entwicklungsvorsprung und erlauben so frühere Ernten.

Füllen die Pflänzchen den Anzuchttopf aus oder haben sie diesen vollends durchwurzelt, werden sie in einen großen Topf umquartiert. Ist in der Wohnung allmählich kein Platz mehr, muss man die Gewächse behutsam abhärten. Das heißt, sie kommen tagsüber nach draußen in den Schatten (in der Sonne bekämen sie anfangs noch einen Sonnenbrand), und zum Abend werden sie wieder nach drinnen geholt. Zwei Wochen später macht ihnen direktes Sonnenlicht nichts mehr aus, und sie können auch in milden Nächten draußen bleiben. Droht Nachtfrost, benötigen sie weiterhin den Schutz eines Zimmers. Gewöhnlich ist diese Gefahr nach den Eisheiligen am 15. Mai vorbei.

Vorkultur

Wärmeliebende Pflanzen wie Tomaten, Chili, Zucchini, Kürbis, Gurken und Paprika dürfen erst nach den Eisheiligen Mitte Mai ins Freie. Daher sollten sie in jedem Fall an einem warmen Ort vorkultiviert werden. Auch hier können Sie zwischen Aussäen oder Zukauf wählen. Wer ganz spezielle Sorten haben möchte, kommt meist nicht darum herum, diese vorzuziehen – und das geht so:

- Ausgesät wird am besten in kleine Anzuchttöpfe (z. B. Multitopfplatte oder Jiffy-Topf).
- Zuerst wird Aussaaterde eingefüllt, verdichtet und nochmals nachgefüllt.
- Dann wird das Samenkorn in die Erde gedrückt und vorsichtig angegossen.
- Schließlich werden die Töpfe an einem warmen, hellen Ort aufgestellt, z. B. am Küchenfenster.
- Mit Paprika und Chili (sie brauchen am längsten) startet man schon im Februar, mit Tomaten im März, mit Zucchini, Kürbis und Gurken im April.
- Auch Lichtkeimer wie Basilikum und Oregano werden ab April ausgesät. Ihr feines Saatgut kommt dünn unmittelbar auf die Erdoberfläche. Es wird nicht mit Erde abgedeckt, sondern abschließend nur vorsichtig gewässert.
- Um die Feuchtigkeit zu halten, kann auf die Töpfe eine Glasscheibe oder Ähnliches gelegt werden.

WASSER MARSCH!

Machen Sie sich Folgendes klar: Die Wasserreserven in allen Gefäßen, selbst in Hochbeeten und Big-Bags, sind äußerst begrenzt. Gemüse besteht jedoch zu mindestens 80 % aus Wasser. Wenn es also daran mangelt, werden sich die Pflanzen nicht vernünftig entwickeln. Daher ist regel-, aber nicht übermäßiges Wässern sehr wichtig.

Die Daumenprobe hilft, den richtigen Zeitpunkt dafür abzupassen. Es genügt nicht festzustellen, dass die Erde oberflächlich abgetrocknet ist. Drücken Sie vielmehr den Daumen einige Zentimeter tief in das Gefäß. Fühlt sich die Erde immer noch trocken an, ist Gießen angebracht.

Wässern Sie dann durchdringend – und dieses durchdringend ist wörtlich zu nehmen. Bei Töpfen ist das einfach festzustellen. Fließt das Wasser unten aus dem Loch heraus, wurde zumindest die gesamte Erde benetzt. Eine Schale unter dem Topf fängt das überschüssige Wasser auf und ermöglicht es der Erde, sich daraus weiter vollzusaugen. Nach etwa einer halben Stunde sollten Sie die Schalen jedoch wieder leeren, falls nötig.

In großen Gefäßen ist das Vordringen des Wassers nicht so leicht ersichtlich. Halten Sie sich vor Augen, dass es die Hauptwurzeln erreichen muss, und diese befinden sich je nach Gemüseart in einer Tiefe zwischen 10 und 30 Zentimetern. Soll die

Feuchtigkeit etwa 30 Zentimeter tief in den Boden eindringen, müssen 20 bis 30 Liter Wasser pro Quadratmeter in das Gefäß fließen.

Tipps zum Bewässern

- Wird das Gemüse größer, steigt auch sein Wasserbedarf. Es muss häufiger gegossen werden.
- An heißen Sommertagen kann es sogar nötig werden, die Pflanzen zweimal am Tag, also morgens und abends, durchdringend zu wässern.
- Gießen Sie möglichst so, dass die Pflanzen selbst trocken bleiben. Richten Sie den Wasserstrahl nur auf den Wurzelbereich. Werden die Blätter

Regelmäßiges Wässern ist wichtig, wenn Ihre Zöglinge in kleinen Pflanztaschen wachsen sollen.

feucht, steigt die Gefahr von Infektionskrankheiten. Denn über den feinen Wasserfilm verbreiten sich Pilzsporen, Bakterien und Viren. Daher ist auch die Wassergabe am Morgen derjenigen am Abend vorzuziehen. Wasserspritzer trocknen den Tag über schnell wieder ab.
- Lassen Pflanzen die Blätter hängen, ist es höchste Zeit für eine Wassergabe. Im Beet sorgen kleine Mulden dafür, dass sich viel Wasser

um die Pflanze herum sammelt. In den Töpfen erreicht man das gleiche Ziel, indem man beim Befüllen der Töpfe einige Zentimeter Abstand zwischen Erdoberfläche und Rand lässt. So kann viel Wasser in den Topf eindringen.

Tropfen für Tropfen

Optimal wäre eine Bewässerung, die den Pflanzen immer genau die Wassermenge zuteilt, die sie gerade verdunsten. Das können zumindest ansatzweise automatische Bewässerungssysteme bewerkstelligen. Drei werden hier kurz vorgestellt:

- **Blumat-System:** Es besteht aus wasserleitenden Tonkegeln und einem Wasserbehälter. Die Tonkegel stecken neben den Pflanzen im Topf und fühlen gleichsam, wann diese Wasser brauchen. Trocknet die Erde aus, entsteht in den Kegeln ein Unterdruck, der das Wasser aus einem bereitstehenden Gefäß ansaugt. Das System lässt sich auch über einen Wasseranschluss regeln.
- **Micro-Drip-System von Gardena:** Kleine Tropfer bringen das Wasser wohldosiert direkt an die Pflanzenwurzeln. Sie werden in die Töpfe gesteckt und zweigen von einem längeren Schlauch ab, der an einen Wasserhahn angeschlossen ist. Das Ganze kann über einen Bewässerungscomputer gesteuert werden. Die Einstellung der Intervalle basiert auf Erfahrungswerten, oder sie werden von Hand gesteuert.
- **Perlschläuche:** Den Spezialschlauch aus Recyclingmaterial perforieren winzige Löcher. Er wird mit einem Wasseranschluss verbunden und in den Gefäßen ausgelegt, beispielsweise parallel zu den Pflanzenreihen. Dreht man den Hahn etwas auf, tritt das Wasser nur tröpfchenweise entlang des Schlauchs aus. So wird die Erde kontinuierlich feucht gehalten.

Woher nehmen?

Auch eine automatische Bewässerung setzt nicht grundsätzlich einen Wasseranschluss voraus. Doch gerade für Balkongärtner stellt sich die Frage: Woher beziehe ich mein Gießwasser? Die einfachste Lösung ist der Weg mit der Gießkan-

Beim Blumat-System stecken kleine Tonkegel zwischen den Pflanzen. Sie saugen Wasser aus der Flasche, sobald Feuchtigkeit benötigt wird.

Auch synthetische Bodenbeläge können unkontrolliertes Abfließen des Wassers verhindern. Etwas kniffelig ist der Schutz der Außenwände, wenn diese mit vertikalen Pflanztaschen bestückt werden. Sorgen Sie dort am besten mithilfe von Teichfolie dafür, dass die Wände nicht dauerhaft feucht sind. Die Teichfolie muss dampfdicht abschließen, sodass sich auch an ihrer Rückseite keine Feuchtigkeit sammeln kann. Dazu werden die Kanten der Folie mithilfe von Metallschienen fest an die Wand geschraubt. Alternativ können die vertikalen Pflanztaschen auf eine Holzkonstruktion montiert werden (> Seite 86). Diese wird dann mit geringem Abstand zur Wand angebracht oder auch nur angelehnt, sodass die Luft dahinter hindurchströmen und die Wand abtrocknen kann.

ne zum Wasserhahn, in der Hoffnung, dass diese dann auch darunterpasst. Der Handel bietet Anschlüsse an, mit deren Hilfe man Schläuche mit hausüblichen Wasserhähnen verbinden kann. Ein kurzes Schlauchstück erleichtert das Befüllen der Gießkanne, ein langer Schlauch erreicht sogar die Pflanzgefäße auf Balkon oder Terrasse. Leitungswasser ist jedoch meist eiskalt und kalkhaltig. Daher ist Regenwasser nach wie vor das beste Gießwasser. Es ist weich und hat die gleiche Temperatur wie die Außenluft. Vor allem in den Sommermonaten ist es wärmer als Leitungswasser. Regenwasser lässt sich am einfachsten aus den Fallrohren abzweigen, die das Wasser aus den Regenrinnen abführen. Es wird dann in Tonnen aufgefangen. Von dort lässt es sich abschöpfen, über einen Hahn entnehmen oder mittels einer Tauchpumpe zu den Pflanzen befördern.

Bitte keine Überschwemmung!

Wer auf Balkonen mit Wasser hantiert, muss sich vorsehen, dass nicht Wände durchfeuchtet und Nachbarn unfreiwillig geduscht werden. Am besten sind daher alle Gefäße mit Untersetzern zu versehen, die überschüssiges Wasser auffangen. Das gilt vor allem für die Kästen, die am Balkongitter hängen. Neuere Balkone haben Abflussrinnen, sodass überfließendes Wasser gezielt abgeführt wird.

Auch eine in die Erde gesteckte gefüllte Wasserflasche versorgt Pflanzen ohne weiteres Zutun mit Feuchtigkeit.

LICHT & NAHRUNG
Was Pflanzen zum Wachsen brauchen

Stehen Ihre Pflanzen in einem optimal auf ihre Bedürfnissen abgestimmten Substrat, ist das schon die halbe Miete für ein gesundes Pflanzenwachstum. Damit sich Kräuter und Gemüse auf Dauer wohlfühlen, müssen sie nun mit ausreichend Licht und Nährstoffen versorgt werden. An zugigen Standorten ist auch ein Windschutz von großer Bedeutung.

DIE BEDEUTUNG DES LICHTS

Nur grüne Pflanzen sind in der Lage, Kohlenhydrate wie Stärke und Zucker zu bilden. Der Herstellungsprozess, die Fotosynthese, findet in den grünen, chlorophyllhaltigen Pflanzenteilen statt. Für diesen Vorgang nimmt die Pflanze Kohlendioxid aus der Luft und Wasser aus dem Boden auf. Die notwendige Energie liefert das Sonnenlicht. Pflanzen nutzen die von ihnen gebildeten Kohlenhydrate für eigene Lebensvorgänge, wie das Wachstum und die Ausbildung von Knospen, Früchten und Samen. Pflanzliche Kohlenhydrate sind aber auch Grundlage aller Lebensvorgänge bei Mensch und Tier, welche die für Wachstum, Bewegung und Fortpflanzung erforderliche Energie nicht selbst produzieren, sondern nur über die Nahrung aufnehmen können. Diese liefern die grünen Pflanzen. In den von ihnen produzierten Kohlenhydraten ist die Energie des Sonnenlichts gespeichert. Licht ist daher der entscheidende Faktor für das Leben auf der Erde.

Doch die Fotosynthese ist noch aus einem weiteren Grund der wichtigste Stoffwechselprozess in der Natur. Pflanzen binden das klimaschädliche Kohlendioxid und produzieren dabei nicht nur Kohlenhydrate. Als »Abfallprodukt« fällt zudem Sauerstoff an. Es gilt als gesichert, dass die Erdatmosphäre bis zum Auftreten der ersten grünen Pflanzen sauerstofffrei war. Erst durch deren Fotosynthe-

seleistung wurde die Atmosphäre mit Sauerstoff angereichert. Für Mensch und Tier sind Pflanzen also nicht nur der entscheidende Energielieferant, sie verdanken ihnen auch die Luft zum Atmen.

LICHTBEDARF

Alle Pflanzen brauchen Licht, aber nicht jede benötigt und verträgt gleich viel davon. In jahrtausendelanger Entwicklung haben Pflanzen sich an die vorherrschenden Bedingungen ihrer natürlichen Standorte angepasst. So gibt es einerseits Arten, die volles Sonnenlicht für ihr Wachstum benötigen, andererseits auch solche, die mit wenig Licht auskommen. Oft ist der Lichtbedarf schon am äußeren Erscheinungsbild der Pflanzen zu erkennen.

- Pflanzen, die an sehr sonnigen Standorten zu Hause sind, müssen zugleich mit einer geringen Wassermenge auskommen. Sie sind auf einen wirksamen Verdunstungsschutz angewiesen. Daher weisen sie z. B. Wachsschichten auf den Blättern oder eine graue Behaarung auf. In der Regel haben Sonnenanbeter kleine Blätter. Mediterrane Kräuter wie Lavendel oder Rosmarin sind typische Vertreter dieser Pflanzengruppe.
- Pflanzen für Standorte mit weniger Licht sind so gebaut, dass sie das vorhandene Licht optimal ausnutzen können. Ihre Blätter sind daher in den meisten Fällen groß und saftig grün, da sie viel

Chlorophyll enthalten. Rhabarber, Blattsalate, Buschbohnen und Erbsen sind auch mit weniger Licht zufrieden, von den Kräutern sind es diejenigen, die im Wald zu Hause sind. Zu diesen Spezialisten gehören z. B. Bärlauch und Waldmeister.

Lichtmangel und -überschuss

Zu viel oder zu wenig Licht kann schon nach kurzer Zeit zu Schadsymptomen an den Pflanzen führen.

- Unter Lichtüberschuss entwickeln die Pflanzen verhärtete Pflanzenteile, es kommt zu Blattvergilbungen und Verbrennungen (Sonnenbrand).
- Lichtmangel führt zu blassgrünen Blättern, Blattfall und langen, blassen Trieben. Die Pflanzen bilden weniger Knospen und Blüten, Früchte färben nicht richtig aus. Durch das unter Lichtmangel weiche Gewebe sind die Pflanzen stärker anfällig für Krankheiten und Schädlinge.

Einflussfaktoren auf die Lichtmenge

Die Lichtmenge auf einem Balkon, einer Terrasse oder im Innen- bzw. Hinterhof hängt in großem Maß von der Himmelsrichtung ab, in die die jewei-

Pflanzen streben stets zum Licht und fangen es mit ihren chlorophyllhaltigen Blättern ein. Sie nutzen es für die lebenserhaltende Fotosynthese.

Die Gemüseernte wird eingefahren – Dünger wird ausgebracht. So ist der Nährstoffkreislauf wieder geschlossen.

ligen Standorte ausgerichtet sind. An der Südseite ist mit großer Lichtausbeute, an der Nordseite eher mit dunklen Verhältnissen zu rechnen. Nicht nur die Himmelsrichtung, auch der Schattenwurf hoher Bäume, Häuser und Mauern sowie von Überdachungen und Schattenspendern hat Einfluss.

Den Standort beurteilen

In einem Stadtgarten ist Licht ein Faktor, dem viel Aufmerksamkeit geschenkt werden muss. Nehmen Sie Ihren Balkon, Ihre Terrasse oder den Hof daher genau in Augenschein. Vier bis fünf Stunden Sonne sind das Minimum, das Kräuter und Gemüsepflanzen zum Gedeihen brauchen. Sie werden in der Regel schon an einer nicht weiter beschatteten Ost- oder Westseite erreicht.

Mehr Licht ist an einer Südseite zu erwarten. Es schadet nicht, im Gegenteil, viele Kräuter- und Gemüsearten wachsen an einem hellen Standort üppiger. Sie liefern einen höheren Ertrag und bilden einen intensiveren Geschmack aus. So benötigen Tomaten und vor allem Paprika viel Sonne, um

schmackhafte Früchte auszubilden. Eingeschränkt sind Sie an der Südseite allerdings mit zartblättrigen Salaten. Staut sich zu der intensiven Sonneneinstrahlung auch noch die Hitze an dem Standort, bauen Sie die zarten Gewächse im Hochsommer dort besser nicht an. Im Frühjahr und ab Spätsommer ist ein nach Süden ausgerichteter Standort aber auch für zarte Pflänzchen kein Problem. Scheint die Sonne allerdings an dem auserwählten Platz weniger als vier bis fünf Stunden, ist dieser Standort für den Anbau von Gemüse, Kräutern und Obst nicht zu gebrauchen. Es kommt zu den beschriebenen Mangelsymptomen, die Ihnen die Freude am Gärtnern sicherlich schnell vermiesen. Zwar lassen sich mit Gewissheit Spezialisten finden, mit denen Sie einen solchen Platz begrünen können, aber für essbare Pflanzen ist er ungeeignet.

Den Standort testen

Sind Sie sich unsicher, ob das Sonnenlicht für den Gemüseanbau ausreicht, so probieren Sie das am besten vor Ort aus. Versuchen Sie es mit einigen

der rechts vorgeschlagenen Pflanzen. Funktioniert der Anbau, weiten Sie ihn im nächsten Jahr aus. Bleibt der Ernteerfolg jedoch aus, bepflanzen Sie den Platz besser mit Schattenspezialisten aus dem Bereich der Stauden, Farne und Gräser.

PFLANZENERNÄHRUNG

Wie alle Lebewesen, brauchen auch Pflanzen Nährstoffe für die Aufrechterhaltung wichtiger Lebensvorgänge. Andernfalls können sie weder wachsen noch blühen, fruchten oder Samen bilden.
In der Natur, z. B. in Wäldern und in freier Landschaft, sind die Nährstoffe in einen Kreislauf eingebunden: Pflanzen wachsen und entziehen dem Boden dabei Nährstoffe. Im Herbst wirft die Pflanze ihre Blätter ab oder stirbt sogar. Im Boden werden diese abgestorbenen Pflanzenreste von einer unvorstellbar großen Anzahl und Vielfalt von Bodenlebewesen so weit zersetzt, dass neue Nährstoffe daraus entstehen, die den nachwachsenden Pflanzen wieder als Nahrung zur Verfügung stehen. Der Nährstoffkreislauf ist geschlossen.
Auf landwirtschaftlich genutzten Flächen, in Gärten wie auch in kleinen und großen Pflanzgefäßen ist die Rückgewinnung von Nährstoffen gestört. Felder werden abgeerntet, Blumen, Gemüse und Obst gepflückt, Rasenflächen gemäht und abgeharkt. Dem natürlichen Kreislauf werden dadurch Nährstoffe entzogen, die wir durch Düngung wieder hinzufügen sollten, damit die Pflanzen dennoch ausreichend versorgt sind.

Was, wann und wie viel?

Neben Kohlendioxid und Wasser benötigen Pflanzen 16 verschiedene Mineralstoffe für Wachstums- und Stoffwechselvorgänge. Einige der Nährstoffe sind in großen Mengen erforderlich, andere werden nur in sehr geringen Mengen aufgenommen. Dementsprechend unterscheidet man zwischen Haupt- und Spurenelementen.
Die drei wichtigsten Nährstoffe Stickstoff (N), Phosphor (P) und Kalium (K) werden als Kernelemente bezeichnet. Ihr mengenmäßiger Anteil ist auf jeder

KRÄUTER UND GEMÜSE FÜR HALBSCHATTIGE LAGEN

Kräuter
- Schnittlauch
- Petersilie
- Bärlauch
- Sauerampfer
- Waldmeister

Gemüse
- Blattsalate
- Feldsalat
- Rucola
- Spinat
- Buschbohnen
- Erbsen

Obst
- Rhabarber (eigentlich ein Gemüse)
- Monatserdbeeren
- Johannisbeeren
- Himbeeren
- Stachelbeeren

Volldüngerpackung aufgedruckt. Zudem ist oft der Gehalt an Magnesium angegeben, das in der Pflanzenernährung ebenfalls eine große Rolle spielt. Jeder Nährstoff hat eine spezielle Bedeutung.

- **Stickstoff** (N) benötigt die Pflanze für das Wachstum von Trieben und Blättern. Er ist Baustoff von Eiweißen und kommt in der Erbsubstanz vor.
- **Phosphor** (P) ist bedeutsam für den Energiehaushalt der Pflanze und Bestandteil von Zellmembranen. Auch P ist in der Erbsubstanz zu finden.
- **Kalium** (K) dient der Regulierung des Wasserhaushalts. Es sorgt für die Festigkeit pflanzlicher Gewebe und Frostresistenz.
- **Magnesium** (Mg) ist Baustein des Blattgrüns.

Pflanzen brauchen während der gesamten Wachstumszeit Nährstoffe. Das Wachstum beginnt im

> ### NÄHRSTOFFMANGEL AN GEMÜSE UND KRÄUTERN
>
> - **Stickstoffmangel:** Die Blätter werden ganzflächig hellgrün oder gelb, die älteren zuerst. Die Fotosynthese ist reduziert, die Pflanze wächst nur kümmerlich.
> - **Phosphormangel:** Insbesondere die älteren Blätter zeigen dunkle, schmutziggrüne bis rötliche Verfärbungen. Die Pflanze bildet weniger Blüten und Früchte.
> - **Kalimangel:** Die Pflanze macht insgesamt einen schlaffen, welken Eindruck. Ihre Blätter werden vom Blattrand ausgehend zuerst gelb, dann braun.
> - **Magnesiummangel:** Die Blätter vergilben zwischen den Blattadern, um diese herum bleibt ein grüner Saum bestehen. Ältere Blätter sind zuerst betroffen.
> - **Eisenmangel:** Die jüngsten Blätter vergilben zwischen den Blattadern, diese bleiben lange scharf abgegrenzt dunkelgrün.

Frühjahr und endet im Herbst. Einige Kräuter, wie Rosmarin, Thymian und Lavendel, sind mehrjährig. Sie überdauern den Winter, jedoch ohne zu wachsen, sodass sie in der kalten Jahreszeit keine zusätzlichen Nährstoffe brauchen.

Wann gedüngt werden muss, ist vom Nährstoffvorrat in der Erde und vom Bedarf der Pflanzen abhängig. Setzen Sie Ihre Pflanzen im Frühjahr in frische Erde, können Sie auf dem Sack nachlesen, wie lange der eingemischte Nährstoffvorrat ausreicht. In der Regel reicht er für sechs bis acht Wochen. Diese Angaben beziehen sich auf Pflanzen mit mittelhohem Nährstoffbedarf. Neben den Mittelzehrern gibt es im Pflanzenreich auch Schwachzehrer und Starkzehrer (> Tabelle, Seite 53–55) . Für Schwachzehrer reicht der Düngervorrat länger, als auf dem Sack angegeben, starkzehrende Arten müssen schon früher nachgedüngt werden.

Nährstoffmangel und -überschuss

Wann der Nährstoffvorrat im Pflanzgefäß aufgebraucht ist, lässt sich nicht punktgenau vorhersagen. Behalten Sie Ihre Pflanzen im Auge, um im Bedarfsfall schnell mit Düngergaben zu reagieren. In der Regel verursacht ein **Nährstoffmangel** Gelbverfärbungen (Chlorosen) der Blätter. Die Ausprägung ist, je nach fehlendem Nährelement, sehr spezifisch. Einige Mangelerscheinungen treten vorwiegend an älteren Blättern, andere eher an jungen Blättern auf (> Info, links).

Nährstoffüberschuss spielt vor allem bei der Stickstoffversorgung eine Rolle. Überversorgte Pflanzen reagieren mit üppigem Wachstum, häufig auf Kosten der Blütenbildung und der Früchte. Das Gewebe ist weich und deswegen anfällig für Krankheiten und Schädlingsbefall. Die Ernteprodukte sind weniger haltbar und weisen einen unerwünscht hohen Nitratgehalt auf.

Womit kann gedüngt werden?

Für eine Nachdüngung stehen im Handel verschiedene Produkte zur Verfügung. Es wird zwischen organischen und mineralischen Düngern unterschieden. Beide gibt es sowohl in fester als auch in

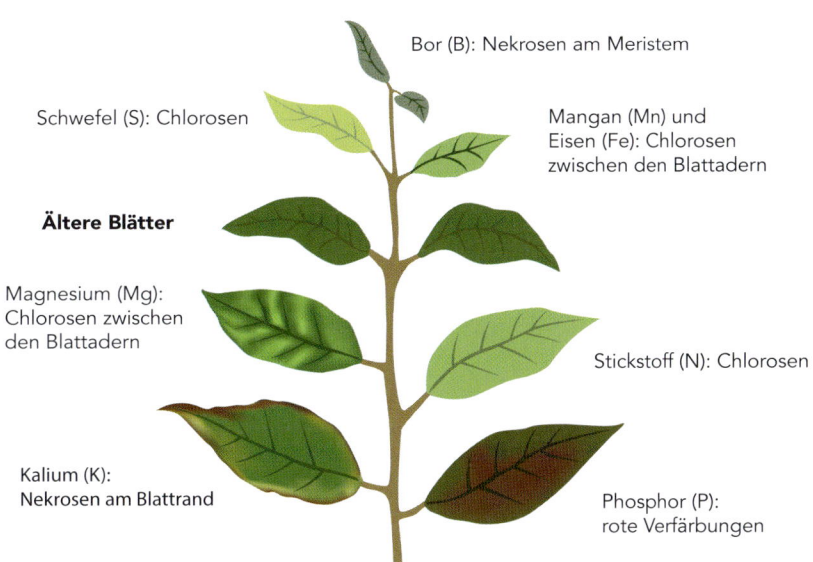

Junge Blätter

Bor (B): Nekrosen am Meristem

Schwefel (S): Chlorosen

Mangan (Mn) und Eisen (Fe): Chlorosen zwischen den Blattadern

Ältere Blätter

Magnesium (Mg): Chlorosen zwischen den Blattadern

Stickstoff (N): Chlorosen

Nährstoffmangel können Sie an charakteristischen Verfärbungen der älteren oder jüngeren Blätter erkennen.

Kalium (K): Nekrosen am Blattrand

Phosphor (P): rote Verfärbungen

flüssiger Form. Gartenböden sind zumeist reichlich mit Phosphor und Kalium versorgt. Hier genügt oftmals ein reiner Stickstoffdünger wie Horngrieß oder Hornmehl. In Blumen- und Gemüseerden geht nach den ersten Wochen der Vorrat aller Nährelemente zur Neige. Daher ist für Pflanzen in Gefäßen ein Volldünger besser. Kommerzielle Volldünger enthalten mindestens die Kernelemente Stickstoff, Phosphor und Kalium.

○ **Mineraldünger** bestehen aus Nährsalzen, die direkt von den Pflanzen aufgenommen werden können. Sie sind sofort wirksam, können aber leicht überdosiert und ausgewaschen werden. Sogenannte Langzeitdünger mindern die Gefahr der Überdüngung, sind aber sehr teuer. Alle mineralischen Düngemittel sind umweltbelastend in ihrer Herstellung.

○ **Organische Dünger** sind umweltfreundlicher hergestellt. Sie werden auch im Bioanbau verwendet und bestehen aus natürlichen Rohstoffen pflanzlicher oder tierischer Herkunft. Die Nährelemente sind gebunden und müssen zunächst von Bodenorganismen freigesetzt werden. Das hat den Vorteil, dass Nährstoffe langsam und

stetig fließen. So können sie nach und nach von den Pflanzen aufgenommen werden und werden nicht in das Grundwasser ausgewaschen. Die Bodenorganismen arbeiten allerdings nur, wenn es warm genug und ausreichend Wasser vorhanden ist. Ist es im Frühjahr noch kalt, kann es lange dauern, bis die ersten Nährstoffe aus dem organischen Dünger bereitstehen. Schneller wirken organische Flüssigdünger, die schon zum großen Teil aufgeschlossen sind.

○ Auch **Kompost** ist als organischer Dünger zu betrachten. Er enthält alle benötigten Nährelemente und trägt gleichzeitig durch seinen Humusgehalt zur Substratverbesserung bei. Da seine Zusammensetzung schwankt, kann auch der Nährstoffgehalt nur abgeschätzt werden. Eine Nachdüngung mit Kompost ist »voluminöser« als die mit einem festen, organischen Dünger. So enthält 1 Liter Grünschnittkompost etwa 5 Gramm Stickstoff. Die gleiche Menge bringen Sie mit 70 Gramm eines organischen Düngers mit 7 % Stickstoffgehalt aus (3–4 Esslöffel). Kompost ist daher besonders für das Aufbereiten von abgeernteten Kisten geeignet.

Die Erde von so stark durchwurzelten Topfballen ist nicht mehr zu gebrauchen. Sie kann aber durch Kompostierung recycelt werden.

Nachdüngen in bepflanzten Kisten

Flüssigdünger ist die einfachste Möglichkeit, um den aufgebrauchten Nährstoffvorrat der Erde wieder aufzufüllen. Er wird etwa alle ein bis zwei Wochen mit dem Gießwasser ausgebracht. Eine Alternative ist der Einsatz von Düngestäbchen, die es sowohl in mineralischer als auch in organischer Form gibt. Diese werden in das Substrat gesteckt und lösen sich dort mit der Zeit auf. Düngestäbchen setzen etwa zwei Monate lang Nährstoffe frei.

BODENPFLEGE IN GEFÄSSEN

Die Bodenpflege nimmt bei der Bewirtschaftung eines Gartens breiten Raum ein. Beete werden umgegraben, geharkt, gelockert und mit Humus versorgt. Über Bodenproben lässt man in Speziallaboren den Nährstoffvorrat im Boden bestimmen, um dann zielgerichtet nachdüngen zu können.

Beim Gärtnern mit Gefäßen haben Sie mit diesen Tätigkeiten nur wenig zu tun. In den meisten Fällen pflanzen Sie in Gemüse- oder Blumenerde, die Sie sackweise im Gartenfachhandel erwerben. Das Substrat in den Gefäßen ersetzt den Gartenboden. Die jeweilige Erde hat eine optimierte Zusammensetzung, die auf die Kultivierung von Pflanzen in einem Gefäß abgestimmt ist. Sie können sie passend für Gemüse und Kräuter kaufen und erst einmal ohne weiteres Zutun verwenden. Haben Sie sich für eine qualitativ hochwertige Erde entschieden, ist das mit nicht unerheblichen Kosten verbunden. Es lohnt also zu überlegen, ob sich das Substrat nicht länger als nur eine Saison nutzen lässt. Inwieweit das möglich ist, hängt vom Grad der Durchwurzelung ab.

Substrate in kleinen Pflanzgefäßen

Die Substrate in kleinen Pflanzgefäßen mit geringem Volumen für Erde und Wurzeln können nicht mehrfach verwendet werden. Das gilt für Töpfe von Einzelpflanzen, kleine, schmale und flache Blumenkästen, Dosen, Tetra Paks usw. Je kleiner das Pflanzgefäß ist, desto stärker wird es nach der Ernte durchwurzelt sein. Hier bleibt nur, das Gefäß komplett zu entleeren und wieder mit frischer Blumen- oder Gemüseerde zu füllen. Wenn die Möglichkeit besteht, können Sie die alten Erdballen kompostieren. Den reifen Kompost mischen Sie dann später in die Pflanzerde mit ein.

Das Substrat in großen Kisten kann nach einer Saison aufbereitet und weiterverwendet werden.

Substrate in großen Pflanzgefäßen

Pflanzerde in größeren Gefäßen ist nach einer Ernte noch nicht vollständig durchwurzelt. Sammeln Sie die Wurzelreste der abgeernteten Pflanzen ab und entsorgen Sie diese. Die restliche Erde in der Kiste lässt sich wieder aufbereiten. Dazu die Erde mit den Händen oder einer kleinen Schaufel auflockern und etwas organischen Dünger untermischen. Füllen Sie dann die Kiste mit frischem Substrat auf. Die Düngermenge, die Sie zum Aufbereiten der gebrauchten Erde benötigen, hängt von den Pflanzen ab, die als Nächstes in der Kiste angepflanzt werden. Der durchschnittliche Stickstoffbedarf bis zur Erntereife beträgt bei Starkzehrern 12, bei Mittelzehrern 8 und bei Schwachzehrern 5 Gramm pro Quadratmeter (> Info unten).

Bodenpflege in Hochbeeten

In Hochbeeten bleibt die Erdfüllung über mehrere Jahre bestehen. Da sie mit viel organischer Masse gefüllt werden, die stetigem Abbau unterliegt, sackt die Erde nach und nach ab. Zum Wiederauffüllen eignet sich Gartenerde (oder Pflanzerde aus dem Sack) vermischt mit Kompost. Dann muss kein weiterer Dünger zugefügt werden. Sofern Sie diesen nicht selbst herstellen, können Sie Kompost auf vielen Recyclinghöfen bekommen oder sogar sackweise im Gartenfachhandel kaufen. Alle fünf bis sechs Jahre wird ein klassisch befülltes Hochbeet komplett ausgeräumt und neu aufgesetzt.

In Hochbeeten sackt die Erde durch die Umsetzung der organischen Substanz jährlich um mehrere Zentimeter ab. Im Frühjahr wird vor der Bepflanzung wieder aufgefüllt.

BEISPIEL ZUR SUBSTRATAUFBEREITUNG FÜR EINEN MITTELZEHRER

Mittelzehrer brauchen 8 g Stickstoff pro Quadratmeter. Zur Berechnung der erforderlichen Düngermenge benötigen Sie folgende Angaben:
- Fläche des Gefäßes in Quadratmetern
- Stickstoffgehalt des Düngers in Prozent

Beispielrechnung:
- Kistengröße: 40 cm × 60 cm = 2400 cm² = 0,24 m²
- Stickstoffgehalt des Düngers: 7 %
- 100 g Dünger geteilt durch 7 (weil der Dünger 7 % Stickstoff enthält) ergibt rund 14 g. Das entspricht der Menge für 1 m² bei einem Bedarf von 1 g Stickstoff/m².
- Ein Mittelzehrer benötigt jedoch 8 g/m²: 8 × 14 g/m² = 112 g/m²
- Zur Berechnung der erforderlichen Düngermenge müssen Sie das Ergebnis nun noch mit der Fläche der Kiste multiplizieren: 112 g/m² × 0,24 m² = 27 g

UNTRAGBAR
Grenzen für Balkongärtner

Ein Selbstversorger möchte so weit es geht autark sein. Dazu gehören eine Regentonne, ein kleines Hochbeet und viele Pflanzgefäße für weitere Kulturen, dazu der passende Windschutz. Doch bei welcher Belastung stößt die Tragfähigkeit des Balkons an seine statischen Grenzen?

WINDSCHUTZ

Wie viel Wasser Pflanzen täglich brauchen, hängt nicht allein von der Lufttemperatur ab, sondern ebenso von der Luftströmung. Starker Wind trocknet nicht nur den Boden schnell aus, er erhöht zugleich den Wasserbedarf der Gewächse. An deren Blattunterseite befinden sich Spaltöffnungen, aus denen Wasser abgegeben wird. Diesen physikalischen Vorgang können Pflanzen nur begrenzt beeinflussen. Brennt Sonne auf sie herab, ist die Transpiration besonders stark. Gleiches gilt, wenn ein scharfer Wind die Blätter ausdörrt, sodass diese mit verstärkter Wasserabgabe dagegenhalten müssen. Für die Pflanzen bedeutet das Stress. Das wertvolle Wasser, das eigentlich dem Wachstum dienen soll, wird nutzlos weggeblasen.

Was können wir also tun? Wir müssen für Windschutz sorgen. Bauern haben zu diesem Zweck früher Feldhecken angelegt. Wir Balkongärtner verkleiden die Brüstung mit einer Bespannung. Das schützt die Pflanzen und schafft für die Nutzer des Balkons zugleich eine intimere Atmosphäre.

Es gibt zahlreiche Möglichkeiten für solch eine Balkonverkleidung, bei der das Gitter immer für den nötigen Halt sorgt. Einfache Varianten sind Bespannungen aus dicht gewebtem Kunststoff-Geflecht, die als Meterware in unterschiedlichen Farben erhältlich sind. Aufwendiger anzubringen, aber effektvoller sind Sichtschutzmatten aus Bambus, Schilf, Rinde, Weidenruten, Farnwedeln und Heidekraut. In ihrem Windschatten können sich die Pflanzen stressfreier entwickeln, allerdings sorgt der jeweilige Aufbau für zusätzliches Gewicht.

BELASTUNGSGRENZEN

Auskunft über die Traglast des eigenen Balkons erhält man am ehesten vom Vermieter bzw. Hausbesitzer. Voraussetzung dafür sind allerdings die statischen Berechnungen, die noch aus der Entstehungszeit des Gebäudes vorliegen müssten. Bei älteren Häusern wird das in den meisten Fällen aussichtslos, bei neueren Bauten hingegen kein Problem sein. Erhält man vom Eigentümer des Gebäudes nicht die gewünschte Auskunft und beginnt selbst zu recherchieren, so kommt man zu folgenden Ergebnissen, die hier jedoch nur eine Orientierung bieten können:

Grundsätzlich wird die Einwirkung von Lasten auf das Tragwerk in der DIN 1055, neu DIN EN1991-1 geregelt. In der Fassung von 2010 wird für Balkone eine Nutzlast von 400 kg/m² zugrunde gelegt. Dieser Wert sei ja wohl noch der »Kohlensack-Theorie« der Nachkriegsjahre geschuldet, lautet dazu ein ironischer Kommentar. Offensichtlich haben zu Zeiten von Kohleheizungen viele Menschen das Brennmaterial auf dem Balkon gelagert – ein Hinweis darauf, dass die Traglast damals nicht so gering bemessen war. Aktuell ist eher von einer geringeren Traglast des Balkons auszugehen. So heißt es in einem Beitrag des Schweizer Rundfunks (SRF1) von 2015: »Für einen Standardbalkon gehen Statiker von folgender Faustregel für eine maximale Belastung aus: 300 kg/m².« Zugleich wurde darauf hingewiesen, dass das Gewicht von Wasser nicht zu unterschätzen sei. Denn bereits 10 Kubikzentimeter Wasser bedeuten eine Last von 100 kg/m². Für Topfgärtner heißt das konkret: Zum Gewicht des Gefäßes kommt noch das des nassen Inhalts hinzu. Da Erde eine geringere Dichte hat als Wasser, wiegt 1 Liter davon maximal 1 Kilogramm. Zu berücksichtigen sind zudem der bauliche Zustand des Balkons und die Verteilung der Lasten. Schwere Gegenstände wie Hochbeete und Wassertonnen sollten nahe an der Hauswand stehen, es sei denn, der Balkon ist mit Stützen ausgestattet. Diese Hinweise können Ihnen vielleicht helfen, die konkrete Situation vor Ort besser einzuschätzen. Gehen Sie davon aus, dass offizielle Werte noch einen Sicherheitspuffer besitzen. Doch diesen sollte man um keinen Preis ausreizen.

Eine Balkongitterverkleidung verbessert die klimatischen Wachstumsbedingungen der Pflanzen. Berücksichtigen Sie zudem die Traglast des Balkons.

BEST OF –
die
gelingen überall

Sie möchten Ihren Balkon oder Ihre Terrasse
in einen Gemüsegarten verwandeln? Frisches Obst,
Gemüse und Kräuter gleich vor der Haustür ernten?
Eine gute Idee, denn gesünder und nachhaltiger
geht es gar nicht. Mit der eigenen Ernte bringen Sie
Obst und Gemüse ohne Vitaminverlust, ohne lange
Transportwege und ohne aufwendige Verpackung
frisch auf den Tisch. Gestalten Sie Ihren Stadtgarten
mit einer großen Auswahl an Pflanzen.

PFLANZENPORTRÄTS
Die besten Pflanzen für Gefäße

Noch vor wenigen Jahren galt es als exotisch, Nutzpflanzen wie Obst, Gemüse und Kräuter in Gefäßen zu ziehen. Die ersten Stadtgärtner hatten nur gartentaugliche Sorten zur Auswahl und mussten erst einmal testen, welche Pflanzen sich auch in Töpfen, Kisten und Kübeln wohl-fühlen. Inzwischen sind spezielle Sorten für den Gefäßanbau erhältlich.

DIE RICHTIGE WAHL

Solange sie gut mit Licht, Luft, Wasser und Nährstoffen versorgt werden, ist es den meisten Kräutern und Gemüsearten erst einmal egal, ob sie im Gartenboden oder in einem substratgefüllten Gefäß wachsen. Die Herausforderung für uns Gärt-ner und Gärtnerinnen besteht darin, die Pflanzen artgerecht zu versorgen. Sowohl im Garten als auch auf dem Balkon bedeutet das in erster Linie, an Standorten zu pflanzen, an denen das Licht und die Bodenverhältnisse stimmen, sowie für ausrei-chende Wasser- und Nährstoffgaben zu sorgen. Unter moderaten Bedingungen und bei robusten und anspruchslosen Pflanzen, die den einen oder anderen Pflegefehler verzeihen, gelingt das leicht. Schwieriger wird es mit empfindlicheren Pflanzen und immer dann, wenn die Bedingungen proble-matisch sind: bei extremer Hitze, Kälte oder Wind.

Pflanzen in Top(f)form

Falsche Pflege oder widrige Bedingungen werden im Garten in der Regel eine Weile abgepuffert. Der Boden ist tief und bietet den Pflanzen die Mög-lichkeit, ihr Wurzelgeflecht weit auszubreiten, um Wasser und Nährstoffe zu ergattern.
Wird es in Topf, Kübel oder Kiste zu eng, sei es, dass die Pflanzen zu dicht stehen oder für das Gefäß zu groß geworden sind, fehlt es an entspre-chenden Ausweichmöglichkeiten. Pflegefehler

haben daher umgehend Auswirkungen. Sie werden mit weniger Wachstum und, wenn es hart auf hart kommt, auch mit Krankheiten, Schädlingen und daraus folgendem Ernteausfall quittiert.
Für die Gefäßkultur hat die Pflanzenauswahl daher eine besondere Bedeutung. Es gilt Pflanzen zu setzen, die mit den gegebenen Bedingungen in der Stadt zurechtkommen. Hilfe und Unterstüt-zung kommt aus der Züchtung: Sie sorgt laufend für neue Sorten auf dem Markt, die sich durch besondere Merkmale auszeichnen. In den letzten Jahren ist dabei das sogenannte Balkongemüse entstanden. Darunter versteht man Gemüsesorten, die gerade für den Anbau in Töpfen und Kübeln geeignet sind. Diese Sorten bleiben kleiner, wach-sen kompakt und liefern trotzdem hohe Erträge. Im Vergleich mit herkömmlichen Gartensorten bean-sprucht das Balkongemüse weniger Platz, was den Bedingungen an einem engen Standort wie Balkon oder Terrasse zugutekommt. Durch den anhal-tenden Trend, Gemüse auch in Kübeln zu ziehen, haben Saatgutproduzenten auch ihre herkömm-lichen Sorten überprüft, sodass Sie auf den Tüten oft einen Hinweis zur Eignung in Gefäßen finden.

Sonderfall Obst für die Gefäßkultur

Im Obstbau reicht es nicht, nach speziellen Sorten Ausschau zu halten, denn die Größe eines Obst-baumes ist nicht von der Sorte, sondern in erster

Linie von der Baumform abhängig. Hochstämme, Halbstämme und Buschbäume haben auf dem Balkon keine wirkliche Chance.

Besser geeignet ist das speziell für beengte Verhältnisse gezüchtete Säulenobst. Ein Säulenobstbaum hat keine Krone. Er besteht nur aus der Stammverlängerung, von der rundherum Fruchtholz abzweigt, das die Früchte trägt. Säulenobst sollten Sie nur im Fachhandel kaufen, denn vielfach werden einfach Obstbäume, die durch Schnitt klein gehalten wurden, als Säulenobst angeboten. Bei diesen Bäumen erledigt sich der Säulenwuchs aber sehr schnell, wenn der Schnitt nicht mehr fachgerecht durchgeführt wird. Echtes Säulenobst dagegen muss kaum geschnitten werden.

Möchten Sie Beerenobst im Kübel halten, entscheiden Sie sich bei Johannis- und Stachelbeeren am besten für Hochstämmchen. Sie nehmen weniger Platz in Anspruch als Sträucher. Auch in der Beerenobstzüchtung hat sich etwas getan: Unter den Himbeeren, Brombeeren und Kulturheidelbeeren sind Sorten zu finden, die klein und kompakt wachsen und trotzdem reichlich Früchte tragen.

Obst, Gemüse und Kräuter gedeihen nicht nur in gewachsenem Boden, sondern auch in Gefäßen. Je größer diese sind, desto einfacher ist die Pflege.

KRÄUTER
Dufte Typen, die immer gut ankommen

Basilikum
Ocimum basilicum
Lippenblütler

Anbau: Aussaat o. Voranzucht
Standdauer: Mitte Mai bis Sept.
Info: sehr wärmebedürftig, rotblättrige Sorten empfindlicher als grüne

Berg-Bohnenkraut
Satureja montana
Lippenblütler

Anbau: fertige Pflanze einsetzen
Standdauer: mehrjährig
Info: trocken halten, Anfang März kräftig zurückschneiden, Blätter und Blüten verwenden

Bohnenkraut
Satureja hortensis
Lippenblütler

Anbau: Aussaat ab April oder Voranzucht
Standdauer: April bis August
Info: sehr aromatisch, passt gut zu Bohnen, verträgt keinen Frost

Currykraut
Helichrysum italicum
Korbblütler

Anbau: Jungpflanzen setzen
Standdauer: mehrjährig
Info: immergrüner Halbstrauch mit nadelförmigen, grauen Blättern und gelben Blüten

Dill
Anethum graveolens
Doldenblütler

Anbau: Aussaat o. Voranzucht
Standdauer: April bis Sept.
Info: mehrmals aussäen, um möglichst viel Laub zu ernten, auch die Samen sind essbar

Estragon, Frz.
Artemisia dracunculus var. *sativus*
Korbblütler

Anbau: Jungpflanzen setzen
Standdauer: mehrjährig
Info: sehr aromatisch, im Spätherbst lange Stängel zurückschneiden, treibt im Frühjahr neu

Gewürztagetes
Tagetes tenuifolia
Korbblütler

Anbau: Aussaat o. Voranzucht
Standdauer: Mitte Mai bis Frost
Info: attraktiver Dauerblüher mit essbaren Blüten, Lichtkeimer, einfach anzuziehen

Kapuzinerkresse
Tropaeolum minus, majus
Kapuzinerkressegewächse

Anbau: Aussaat ab April oder Voranzucht
Standdauer: April bis zum Frost
Info: Rankpflanze, Blüten/Blätter essbar, *T. minus* bleibt kleiner

Kerbel
Anthriscus cerefolium
Doldenblütler

Anbau: Aussaat ab April
Standdauer: 8 bis 10 Wochen
Info: mehrmals mit 2 bis 3 Wochen Abstand aussäen, vor der Blüte ernten, für Halbschatten

Koriander
Coriandrum sativum
Doldenblütler

Anbau: Aussaat ab April oder Voranzucht
Standdauer: 6 bis 8 Wochen
Info: herb-süßes Aroma, auch für schattige Standorte

Liebstöckel
Levisticum officinale
Doldenblütler

Anbau: fertige Pflanze einsetzen
Standdauer: mehrjährig
Info: imposante Staude, darum allein in einen großen Topf setzen, blüht ab dem 2. Standjahr

Lavendel
Lavandula angustifolia
Lippenblütler

Anbau: fertige Pflanze einsetzen
Standdauer: mehrjährig
Info: Rückschnitt nach der Blüte und im April fördert kompakten Wuchs, niedrige Sorten wählen

KRÄUTER
Dufte Typen, die immer gut ankommen

Majoran
Origanum majorana
Lippenblütler

Anbau: Aussaat o. Voranzucht
Standdauer: Mai bis zum Frost
Info: mehrjährig, aber nicht winterhart, Lichtkeimer, Samen nicht mit Erde bedecken

Oregano
Origanum vulgare, heracleoticum
Lippenblütler

Anbau: fertige Pflanze einsetzen
Standdauer: mehrjährig
Info: bekannt als Pizzagewürz, die griechische Variante ist sehr aromatisch und hat weiße Blüten

Petersilie
Petroselinum crispum
Doldenblütler

Anbau: Voranzucht
Standdauer: von April bis ins nächste Frühjahr
Info: Ernte der Blätter bis zur Blütenbildung im nächsten Jahr

Pfefferminze
Menta × piperita
Doldenblütler

Anbau: fertige Pflanze einsetzen
Standdauer: mehrjährig
Info: wüchsig, bildet unterirdische Ausläufer, einzeln in ein großes Gefäß pflanzen

Pimpinelle
Sanguisorba minor
Rosengewächse

Anbau: fertige Pflanze einsetzen
Standdauer: mehrjährig
Info: leicht nussiges Gurkenaroma, schmeckt am besten frisch in Salaten, Dips und Saucen

Ringelblume
Calendula officinalis
Korbblütler

Anbau: Aussaat o. Voranzucht
Standdauer: Mai bis zum Frost
Info: Dauerblüher, Blüten sind essbar und zur Salbenherstellung verwendbar

Rosmarin
Rosmarinus officinalis
Lippenblütler

Anbau: fertige Pflanze einsetzen
Standdauer: mehrjährig
Info: nicht völlig winterhart, auf geschützten Standort und Sorte achten, blüht im Frühjahr

Salbei
Salvia officinalis
Doldenblütler

Anbau: fertige Pflanze einsetzen
Standdauer: mehrjährig
Info: in Gefäße kompakte Sorte setzen, Rückschnitt möglich, wenn die Pflanze zu groß wird

Schnittlauch
Allium schoenoprasum
Amaryllisgewächse

Anbau: Voranzucht
Standdauer: mehrjährig
Info: Pflanze im Herbst teilen, in Töpfe setzen und dann den Winter über im Haus antreiben

Thymian
Thymus vulgaris
Doldenblütler

Anbau: fertige Pflanze einsetzen
Standdauer: mehrjährig
Info: Rückschnitt nach der Blüte, damit die Polster kompakt bleiben und nicht verkahlen

Zitronenmelisse
Melissa officinalis
Lippenblütler

Anbau: fertige Pflanze einsetzen
Standdauer: mehrjährig
Info: junge Blätter ernten, bei Blühbeginn beherzt zurückschneiden

Zitronenverbene
Aloysia citrodora
Eisenkrautgewächse

Anbau: fertige Pflanze einsetzen
Standdauer: mehrjährig, frostfrei überwintern
Info: intensives Aroma, gut für erfrischende Tees und Desserts

KOHLGEMÜSE
Spätentwickler mit Platzbedarf

Brokkoli

Brassica oleracea var. *italica*
Kreuzblütler

Anbau: Voranzucht, dann ab April pflanzen
Standdauer: 3 bis 4 Monate
Info: nach der ersten Ernte wachsen noch kleinere Röschen nach

Chinakohl

Brassica rapa ssp. *pekinensis*
Kreuzblütler

Anbau: Voranzucht, dann ab Juli pflanzen
Standdauer: 2 bis 3 Monate
Info: wird im Herbst und Winter geerntet, verträgt Frost

Grünkohl

Brassica oleracea var. *sabellica*
Kreuzblütler

Anbau: Voranzucht, dann ab Juli pflanzen
Standdauer: 4 bis 5 Monate
Info: Wintergemüse, nach dem ersten Frost ernten

Kohlrabi

Brassica oleracea var. *gongylodes*
Kreuzblütler

Anbau: Voranzucht, dann ab März pflanzen
Standdauer: 8 bis 10 Wochen
Info: schnell wachsend, kann roh oder gekocht verspeist werden

Pak Choi, Senfkohl

Brassica rapa ssp. *chinensis*
Kreuzblütler

Anbau: Voranzucht, dann ab März pflanzen
Standdauer: 8 bis 10 Wochen
Info: schnell wachsend, kann roh oder gekocht verzehrt werden

Spitzkohl

Brassica oleracea var. *capitata* for. *alba* subv. *conica*
Kreuzblütler

Anbau: Voranzucht, dann ab März pflanzen
Standdauer: 4 bis 5 Monate
Info: früh und schnell wachsend

ZWIEBELGEMÜSE
Im Frühling stecken, im Herbst ernten

Frühlingszwiebel
Allium fistulosum
Zwiebelgewächse

Anbau: Aussaat o. Voranzucht
Standdauer: 4 Monate
Info: Anzucht ab Februar, Pflanzung ab April, kann dicht stehen, bei Trockenheit kleine Zwiebeln

Knoblauch
Allium sativum
Zwiebelgewächse

Anbau: Steckzwiebeln, Aussaat, Voranzucht möglich
Standdauer: etwa 4 Monate
Info: Anbau wie Zwiebeln, ab April draußen

Küchenzwiebel
Allium cepa
Zwiebelgewächse

Anbau: Steckzwiebeln, Aussaat
Standdauer: etwa 4 Monate
Info: Säzwiebeln sind gesünder, dicht säen, bei Steckzwiebeln vorzeitige Ernte möglich

Schalotte
Allium cepa var. *aggregatum*
Zwiebelgewächse

Anbau: Steckzwiebeln
Standdauer: etwa 4 Monate
Info: feiner im Geschmack und weniger scharf als die Küchenzwiebel, leicht anzubauen

Sommerlauch, -porree
Allium porrum
Zwiebelgewächse

Anbau: Jungpflanzen vorziehen
Standdauer: 4 Monate
Info: im April pflanzen, die Stangen sind dünner und zarter als die des Winterporrees

Winterlauch, -porree
Allium porrum
Zwiebelgewächse

Anbau: Jungpflanzen vorziehen
Standdauer: 4 bis 5 Monate
Info: im Juli pflanzen, dicke Stangen, frostfest, können im Pflanzgefäß überwintern

BLATTGEMÜSE
Blätter und Stängel zum Genießen

Asia-Salat
Brassica juncea ssp.
Kreuzblütler

Anbau: Aussaat
Standdauer: 6 bis 8 Wochen
Info: scharf-würzige Blätter, enthalten Senföl, bei der Ernte nicht zu tief schneiden, wächst nach

Bataviasalat
Lactuca sativa var. *capitata*
Korbblütler

Anbau: Aussaat o. Voranzucht
Standdauer: 8 Wochen
Info: Kreuzung aus Kopf- und Eisbergsalat, gedeiht auch im Sommer bei Hitze

Eichblattsalat
Lactuca sativa var. *crispa*
Korbblütler

Anbau: Voranzucht
Standdauer: 8 bis 10 Wochen
Info: rote Sorten sind weniger blattlausanfällig, einzelne Blätter oder ganze Köpfe ernten

Endivie
Cichorium endivia
Korbblütler

Anbau: Aussaat o. Voranzucht
Standdauer: 10 Wochen
Info: knackiger Salat, leicht bitter, ab Juli pflanzen, die Ernte erfolgt dann im Herbst

Feldsalat
Valerianella locusta
Baldriangewächse

Anbau: Aussaat o. Voranzucht
Standdauer: 10 Wochen
Info: für späten Anbau ab Juli, bei Aussaat im Herbst erfolgt die Ernte im Frühjahr

Gartenmelde
Atriplex hortensis
Gänsefußgewächse

Anbau: Aussaat
Standdauer: 8 bis 10 Wochen
Info: ernten wie Spinat, Rote Melde sehr dekorativ, eignet sich gut zum Färben

Kopfsalat

Lactuca sativa var. *capitata*
Korbblütler

Anbau: Voranzucht
Standdauer: 8 Wochen
Info: verträgt keine hohen
Temperaturen, für Frühjahrs- und
Herbstanbau geeignet

Mangold

Beta vulgaris ssp. *vulgaris*
Gänsefußgewächse

Anbau: Aussaat o. Voranzucht
Standdauer: mind. 8 Wochen
Info: dekorative buntstielige
Sorten, äußere Blätter ernten,
wächst willig nach

Multi-Leaf-Salat

Lactuca sativa var. *crispa*
Korbblütler

Anbau: Aussaat o. Voranzucht
Standdauer: 8 Wochen
Info: gleich große Blätter bilden
eine dichte Rosette, leicht zu
putzen

Pflücksalat

Lactuca sativa var. *crispa*
Korbblütler

Anbau: Aussaat o. Voranzucht
Standdauer: 8 bis 10 Wochen
Info: einzelne Blätter oder Köpfe
ernten, wächst mehrfach nach,
unkompliziert

Radicchio

Cichorium intybus var. *foliosum*
Korbblütler

Anbau: Aussaat o. Voranzucht
Standdauer: 10 Wochen
Info: leicht bitterer Wintersalat,
Aussaat ab Juli, bildet Köpfe
oder Schnitt

Romana-Salat

Lactuca sativa var. *longifolia*
Korbblütler

Anbau: Aussaat o. Voranzucht
Standdauer: 8 Wochen
Info: länglich ovale Köpfe,
'Ovired' wird noch vor der Kopf-
bildung geerntet

BLATTGEMÜSE
Blätter und Stängel zum Genießen

Rucola
Eruca sativa
Kreuzblütler

Vermehrung: Aussaat
Standdauer: 6 bis 10 Wochen
Info: würzige Blätter, 'Ruca' ist milder, bei der Ernte nicht zu tief schneiden, wächst nach

Schnittsalat
Lactuca sativa var. *crispa*
Korbblütler

Anbau: Aussaat o. Voranzucht
Standdauer: 8 bis 10 Wochen
Info: bei der Ernte nicht zu tief schneiden, wächst zuverlässig mehrfach nach

Spinat
Spinacia oleracea
Gänsefußgewächse

Vermehrung: Aussaat
Standdauer: 6 bis 8 Wochen
Info: schmeckt gekocht oder jung geerntet als Salat, Ernte vor der Blüte

Stangensellerie
Apium graveolens var. *dulce*
Doldengewächse

Anbau: ab Februar Voranzucht
Standdauer: 4 bis 5 Monate
Info: anspruchsvolle Kultur, benötigt viel und regelmäßig Wasser

Winterpostelein
Claytonia/Montia perfoliata
Portulakgewächse

Anbau: Direktaussaat im Okt.
Standdauer: 8 bis 10 Wochen
Info: zarte Blätter, schnellwüchsig, keimt nicht bei über 12 °C, wächst noch bei 4 °C

Zuckerhut
Cichorium intybus var. *foliosum*
Korbblütler

Anbau: Aussaat o. Voranzucht
Standdauer: 10 Wochen
Info: etwas bitterer Wintersalat, Aussaat ab Juli, zuckerhut-förmige Köpfe

WURZELN & KNOLLEN
Leckeres aus der Erde

Fenchel
Foeniculum vulgare
Doldengewächse

Anbau: Voranzucht
Standdauer: 14 bis 16 Wochen
Info: wärmebedürftig, regelmäßig wässern, sonst vorzeitige Blüte, schossfeste Sorten wählen

Radieschen
Raphanus sativus var. *sativus*
Kreuzblütler

Anbau: Aussaat
Standdauer: 5 bis 6 Wochen
Info: werden vor allem im Frühjahr angebaut, im Sommer sind spezielle Sorten erforderlich

Kartoffeln
Solanum tuberosum
Nachtschattengewächse

Anbau: Direktpflanzung der Knollen
Standdauer: etwa 4 Monate
Info: viele Sorten, gut mit Wasser versorgen, aber keine Staunässe

Rettich
Raphanus sativus ssp.
Kreuzblütler

Anbau: Aussaat
Standdauer: 3 bis 4 Monate
Info: Sommer- und Wintersorten, Sommersorten frisch verzehren, Winterrettiche sind lagerfähig

Möhren, Karotten
Daucus carota ssp. *sativus*
Doldengewächse

Anbau: Aussaat, evtl. Saatband
Standdauer: 3 bis 4 Monate
Info: wachsen nur in tiefen Gefäßen (mind. 30 cm), späte Sorten vertragen auch Frost

Rote Bete
Beta vulgaris ssp. *vulgaris*
Gänsefußgewächse

Anbau: Aussaat o. Voranzucht
Standdauer: 4 bis 5 Monate
Info: ganze, unverletzte Knollen kochen, die Knollen »bluten«, d. h., sie färben stark ab

FRUCHTGEMÜSE
Die Ernte vor Augen

Aubergine

Solanum melongena
Nachtschattengewächse

Anbau: ab Februar Voranzucht, Pflanzung im Mai
Standdauer: 4 bis 5 Monate
Info: kleinfrüchtige Sorten reifen schneller als große

Buschbohne

Phaseolus vulgaris var. *nanus*
Schmetterlingsblütler

Anbau: Aussaat ab Mitte Mai
Standdauer: 8 bis 10 Wochen
Info: Kerne im Abstand von 5 cm legen und 3 cm tief in die Erde drücken, wärmebedürftig

Chili

Capsicum annuum
Nachtschattengewächse

Anbau: ab Februar Voranzucht, Pflanzung im Mai
Standdauer: 4 bis 5 Monate
Info: braucht Wärme und Sonne, scharfe und milde Sorten

Erbse

Pisum sativum
Schmetterlingsblütler

Anbau: Aussaat ab Ende März
Standdauer: 3 Monate
Info: Zuckererbsen werden mitsamt der Hülse gegessen, Markerbsen nicht

Gurke

Cucumis sativus
Kürbisgewächse

Anbau: ab April Voranzucht, Pflanzung im Mai
Standdauer: 4 bis 5 Monate
Info: braucht Wasser, Wärme, viele Nährstoffe u. eine Rankhilfe

Mais

Zea mays
Süßgräser

Anbau: ab Februar Voranzucht, Pflanzung im Mai
Standdauer: 4 bis 5 Monate
Info: Zucker-, Gemüsemais milchreif, Popkornmais reif ernten

Minigurke, Mex.
Melothria scabra
Kürbisgewächse

Anbau: ab Februar Voranzucht,
Pflanzung im Mai
Standdauer: 4 bis 5 Monate
Info: sehen aus wie Mini-Wasser-
melonen, Rankhilfe erforderlich

Paprika
Capsicum annuum
Nachtschattengewächse

Anbau: ab Februar Voranzucht,
Pflanzung im Mai
Standdauer: 4 bis 5 Monate
Info: Spitzpaprika sind weniger
anspruchsvoll, reifen in Kübeln

Snackpaprika
Capsicum annuum
Nachtschattengewächse

Anbau: ab Februar Voranzucht,
Pflanzung im Mai
Standdauer: 4 bis 5 Monate
Info: frühe Reife, gedeihen sehr
gut in Kübeln, Naschfrüchte

Stangenbohne
Phaseolus vulgaris var. *vulgaris*
Schmetterlingsblütler

Anbau: Aussaat ab Mitte Mai
Standdauer: 3 bis 4 Monate
Info: nur für sehr große Gefäße
mit Rankhilfe geeignet, Ernte der
Hülsen oder der Körner möglich

Tomate
Solanum lycopersicum
Nachtschattengewächse

Anbau: ab März Voranzucht,
Pflanzung im Mai
Standdauer: 4 bis 5 Monate
Info: Buschtomaten müssen nicht
ausgegeizt werden, Balkonsorten

Zucchini
Cucurbita pepo var. *giromontiina*
Kürbisgewächse

Anbau: ab April Voranzucht,
Pflanzung im Mai
Standdauer: 3 bis 4 Monate
Info: längliche, grüne und gelbe
Früchte, einige Sorten sind rund

OBST & BEEREN
Reiche Ernte von Frühsommer bis Herbst

Ananaskirsche

Physalis pruinosa
Nachtschattengewächse

Anzucht: Aussaat ab Februar auf der Fensterbank
Standdauer: Mitte Mai bis Frost
Info: wird 60 bis 80 cm groß, reif, wenn Hüllblätter gelb werden

Apfelbeere

Aronia melanocarpa
Rosengewächse

Anzucht: in Spezialbetrieben
Standdauer: mehrere Jahre
Info: Strauch bis 1,50 m, reich an Vitamin C, nur gekocht essbar, schöne Blüten u. Herbstfärbung

Brombeere

Rubus fruticosus 'Coolaris® Cascata® Black'
Rosengewächse

Anzucht: in Spezialbetrieben
Standdauer: mehrere Jahre
Info: starkwüchsig, für Gefäße nur Spezialzüchtungen nutzen

Gartenerdbeere

Fragaria × ananassa
Rosengewächse

Anzucht: Vermehrung durch Ausläufer im Spätsommer
Standdauer: etwa 3 Jahre
Info: Haupternte im Juni, einige Sorten tragen bis in den Herbst

Himbeere

Rubus idaeus
Rosengewächse

Anzucht: in Spezialbetrieben
Standdauer: mehrere Jahre
Info: spezielle Sorten für den Topf (1 m hoch); nach der Ernte abgetragene Triebe entfernen

Johannisbeere

Ribes rubrum
Stachelbeergewächse

Anzucht: in Spezialbetrieben
Standdauer: mehrere Jahre
Info: für Kübel vor allem Hochstämmchen verwenden, können mit Kräutern unterpflanzt werden

Kiwano
Cucumis metuliferus
Gurkengewächse

Anzucht: Voranzucht ab April auf der Fensterbank
Standdauer: Mitte Mai bis Frost
Info: einjährige Rankpflanze, wärmebedürftig, Ernte im Herbst

Kulturheidelbeere
Vaccinium corymbosum
Heidekrautgewächse

Anzucht: in Spezialbetrieben
Standdauer: mehrere Jahre
Info: Moorbeetpflanze, benötigt saure Spezialerde (Rhododendronerde), mit Herbstfärbung

Monats- (Wald-)erdbeere
Fragaria vesca
Rosengewächse

Anzucht: durch Teilung, Aussaat
Standdauer: 3 bis 5 Jahre
Info: Weiterzüchtung der hiesigen Wald-Erdbeere, blüht und fruchtet von Juni bis Oktober

Rhabarber
Rheum rhabarbarum 'Barbara'
Knöterichgewächse

Anzucht: Teilung im September
Standdauer: mehrere Jahre
Info: eigentlich ein Gemüse, Ernte ab April bis Juni, benötigt viel Wasser und Nährstoffe

Säulenapfelbaum
Malus domestica
Rosengewächse

Anzucht: in Spezialbetrieben
Standdauer: mehrere Jahre
Info: in großen Topf pflanzen, alle 5 Jahre umtopfen, fachgerechter Schnitt erforderlich

Stachelbeere
Ribes uva-crispa
Stachelbeergewächse

Anzucht: in Spezialbetrieben
Standdauer: mehrere Jahre
Info: für Kübel vor allem Hochstämmchen verwenden, viel gießen, verträgt keine Trockenheit

IMMER DER REIHE NACH
Fruchtfolge und Mischkultur

Wer will schon ständig Säcke schleppen, Erde austauschen und Jagd auf Schädlinge machen? Stattdessen wünschen wir uns vitale Pflanzen, die reiche Ernte bringen. Darum ist Mischkultur und Fruchtfolge auch für Topfgärtner ein Thema. Richtig kombiniert fördern sich die Pflanzen gegenseitig, und die Nährstoffe im Substrat werden optimal genutzt.

FRUCHTFOLGE

Früher brachten die Bauern einige Fuder Mist auf den Acker und pflanzten dann Kartoffeln oder Kohl. Innerhalb der Fruchtfolge war dies die sogenannte erste Tracht. Zu ihr zählen Kulturpflanzen, die zum Wachsen viel Nährstoffe, vor allem reichlich Stickstoff brauchen. Dafür taugte der Mist. Mit Ausnahme des Bioanbaus haben Bauern den Mist überwiegend durch stickstoffhaltige Mineraldünger ersetzt. Der Gedanke der Fruchtfolge jedoch lebt weiter, wenn auch in differenzierter Form.

Von Stark-, Mittel- und Schwachzehrern

Das Gros der Nährstoffe aus dem Mist nehmen die nährstoffhungrigen, also starkzehrenden Kulturen auf. Mist als ein organischer Dünger setzt jedoch über einen längeren Zeitraum hinweg Nährstoffe frei, sodass auch noch eine nicht ganz so gierige Folgekultur davon profitiert: die Mittelzehrer. Sie bilden die zweite Tracht, zu der beispielsweise Rote Bete, Möhren und Kopfsalat gehören. Die von den Bodenorganismen darüber hinaus noch freigesetzten Nährstoffe reichen sogar für eine dritte Tracht: die Schwachzehrer. Sie nehmen mit dem vorlieb, was noch übrig ist. Erbsen und andere Leguminosen sind typische Vertreter. Da sich ihre Wurzeln mit Bakterien verbünden, die Stickstoff aus der Luft binden können, sorgen sie sogar selbst dafür, dass sie gut ernährt werden. Das kommt wiederum nachfolgenden Kulturen zugute, für die sie den Boden mit Stickstoff anreichern. Ein Augenmerk der Fruchtfolgen liegt also auf den Nährstoffbedürfnissen der Pflanzen. Diese möchte man bestmöglich bedienen. Denn es gilt: Ist eine Nutzpflanze optimal ernährt, wächst sie vital heran.

Abwechslung hält fit

Ein weiteres Augenmerk bei der Fruchtfolge liegt auf der Gesundheit der Pflanzen. Inzwischen weiß man, dass auch Pflanzen teilweise nicht gut miteinander auskommen. Um dieses Problem zu umgehen, gestaltet man den Anbau von Gemüse und Kräutern möglichst abwechslungsreich. Mit wenigen Ausnahmen soll daher die gleiche Gemüseart nicht zweimal auf demselben Beet angebaut werden. Das gilt sogar für Mitglieder ein und derselben Pflanzenfamilie. Damit sollen nicht nur Erbsen den Standort wechseln, sondern es dürfen auch keine Bohnen an der Stelle gesät werden, auf der zuvor Erbsen gewachsen sind. Denn beide gehören zur Familie der Schmetterlingsblütler. Dieser Grundsatz geht auf die Erkenntnis zurück, dass jede Kulturpflanze den Boden einseitig auslaugen oder belasten kann. Dazu tragen unter anderem spezielle Wurzelausscheidungen bei. Problematisch ist dies vor allem in der großen Gruppe der Kohlgewächse, die alle der Familie der Kreuzblütengewächse angehören. So unterschiedliche Arten wie Radieschen, Kresse, Asia-Salate, Mairübchen, Kohlrabi und Chinakohl zählen dazu. Sie hinterlassen nicht nur für andere Mitglieder der Familie unverträgliche Ausscheidungen, sondern können den Boden zudem mit Krankheitskeimen wie der gefürchteten Kohlhernie belasten. Zudem ziehen sie Schädlinge an, die alle Arten gleichermaßen heimsuchen. Daher ist ein Mix aus verschiedenen Pflanzenfamilien so wichtig.

Fruchtfolge auch bei Topfgärtnern?

Zunächst einmal kommt es darauf an, Anbaupausen innerhalb der Pflanzenfamilien einzuhalten. Streng genommen geht man davon aus, dass mindestens drei Jahre vergehen müssen, bevor im gleichen Boden an gleicher Stelle wieder eine Kultur der gleichen Pflanzenfamilie angebaut werden darf. Doch diese Vorgaben gelten für Gärtner, die auf großen Flächen wirtschaften.

Gemessen daran haben Töpfe, Kisten und Kübel nur Miniflächen zu bieten, und diese sind zudem sehr vielfältig bepflanzt. Es reicht daher, darauf zu achten, dass Rauke, Radieschen und Kohlrabi nicht

Achten Sie auf die richtige Mischung der Pflanzen, damit diese sich die Nährstoffe nicht streitig machen, sondern sich durch günstige Einflüsse unterstützen.

DIE RICHTIGE BEETPLANUNG

Ob Topf, Kiste oder Kübel – bringen Sie Ihre Gemüsebeete zum Rotieren! Um Misch- und Folgekultur richtig umzusetzen, gilt es folgende Regeln zu beachten:

○ Zur Erstellung eines Anbauplans müssen Ihnen der Nährstoffbedarf und die Familienzugehörigkeit der gewünschten Gemüsearten bekannt sein. Dabei helfen Ihnen die Tabellen auf den nächsten Seiten.

○ Pflanzen einer Familie gilt es räumlich (nicht in demselben Gefäß) und zeitlich (nicht direkt nacheinander) zu trennen.

○ Auf **Starkzehrer (St)** wie Kohlrabi folgt ein **Mittelzehrer (M)**, wie etwa Möhren, den Abschluss bildet ein **Schwachzehrer (Sch)**, also beispielsweise Feldsalat.

○ Kombinieren Sie möglichst Partner, die sich positiv beeinflussen (> Tabellen).

Klingt kompliziert? Keine Sorge, mit der Zeit werden Sie ein Gefühl für das richtige Miteinander und Nacheinander entwickeln!

---

in einer Reihe stehen oder unmittelbar nacheinander im selben Topf angebaut werden. Und wozu überhaupt die ganzen Umstände? Wer mit Gefäßen arbeitet, kann das Problem der Bodenermüdung doch ganz einfach umgehen: Man wechselt einfach die Erde aus, und schon kann man in ein und demselben Gefäß jedes Jahr aufs Neue Erbsen ernten. Nachhaltiges Wirtschaften sollte jedoch dem Grundsatz folgen, die Ressourcen so weit es geht zu schonen. Außerdem spart man sich Aufwand, Zeit, Geld und unnötiges Säckeschleppen.

MISCHKULTUR

Das Prinzip der Mischkultur nimmt dagegen das unmittelbare Nebeneinander der Pflanzen in den Blick. Hierbei spielen Wurzelausscheidungen,

Aromen und Düfte gleichfalls eine wichtige Rolle. Doch auch die Wuchseigenschaften dicht zusammenstehender Pflanzen haben Einfluss auf die gegenseitige Entwicklung: Wachsen die Wurzeln gerade in die Tiefe oder mehr in die Breite? Wer Flachwurzler neben Tiefwurzler pflanzt, weiß die einzelnen Bodenschichten gleichmäßig zu nutzen. Eine falsche Kombination kann dagegen die Nachbarkultur behindern, beispielsweise indem zwei Flachwurzler um die in den oberflächlichen Bodenschichten vorhandenen Nährstoffe konkurrieren. In die moderne Mischkultur gehen Erkenntnisse aus der Ökologie zum Konkurrenzverhalten von Pflanzen und deren ökologische Nischen mit ein. Zugleich sammelten Generationen von Gärtnern Erfahrungen über die Wechselwirkungen von Nutzpflanzen. Sie stellten fest, dass manche Gemüsearten zum Wohle ihrer Nachbarn Schädlinge vertreiben oder Nützlinge anlocken können, die dann wiederum die Schädlingspopulationen regulieren. So schützen sich Möhren und Zwiebeln gegenseitig durch ihre jeweiligen Ausdünstungen vor der Möhren- und Zwiebelfliege. Die Kombination von Sellerie und Kohl lässt den Raupen des Kohlweißlings und dem Sellerierost weniger Chance. Und die scharfen Inhaltsstoffe der Zwiebelgewächse schützen ihre Partner vor Pilzkrankheiten. So ergeben sich ein spannendes Wirkungsgefüge und viele Möglichkeiten zu faszinierenden Beobachtungen zur Komplexität von Naturprozessen.

Blumen in der Mischkultur sorgen für farbige Lichtblicke und locken nützliche Insekten an.

AUF GUTE NACHBARSCHAFT

GEMÜSEART	GUTE (+) UND SCHLECHTE (–) NACHBARN
Kopf- und Schnittsalate, Romana-Salat (Korbblütler, M)	+ Möhre, Zwiebel, Tomate, Bohne, Radieschen, Gurke, Kohlrabi, Rettich, Erbse, Erdbeere, Dill, Basilikum, Kerbel, Knoblauch, Rote Bete, Thymian – Petersilie, Lavendel
Endivie, Eskariol, Frisée (Korbblütler, M)	+ Lauch, diverse Kohlarten, Bohne, Fenchel, Möhre, Tomate
Zichorien-Salat (Korbblütler, M)	+ Bohne, Spinat
Estragon (Korbblütler, M)	+ Kartoffel – Fenchel
Ringelblume (Korbblütler, Sch)	+ Erdbeere, Gurke, Salat, Tomate, Basilikum, Erbse, Bohne, Kartoffel
Salat-Rauke, Rucola (Kreuzblütler, Sch–M)	+ Erdbeere, Salat, Mais – diverse Kohlarten
Asia-Salat (Kreuzblütler, Sch–M)	+ Tomate, Bohne, Spinat, Feldsalat, Kopf- und Schnittsalat, Mangold, Erdbeere, Erbse, Zwiebel – Kohlrabi, Pak Choi und weitere Kohlarten
Kohlrabi (Kreuzblütler, M–St)	+ Bohne, Erbse, Rote Bete, Tomate, Spinat, Zwiebel, Mangold, Salat, Dill, Feldsalat, Gurke, Kartoffel, Pfefferminze, Rosmarin, Salbei, Thymian – andere Kohlarten, Erdbeere, Fenchel
Grünkohl, Federkohl (Kreuzblütler, St)	+ Tomate, Bohne, Erbse, Spinat, Radieschen, Rettich, Salat, Mangold, Gurke, Erdbeere, Endivie, Minze, Rote Bete – Zwiebel, Knoblauch, Kartoffel, diverse Kohlarten
Chinakohl, Pak Choi (Kreuzblütler, St)	+ Tomate, Bohne, Erbse, Spinat, Salat, Mangold, Gurke, Erdbeere, Endivie, Möhre – Zwiebel, Knoblauch, Kartoffel, andere Kohlarten
Radieschen, Rettich, Mairübchen (Kreuzblütler, Sch–M)	+ Salat, Möhre, Tomate, Bohne, Spinat, Petersilie, Mangold, Feldsalat, Kohlrabi, Porree – Kartoffel, diverse Kohlarten, Zwiebel
Kresse (Kreuzblütler, Sch)	+ Radieschen, Rettich
Möhre (Doldenblütler, M)	+ Zwiebel, Zichorien-Salat, Tomate, Radieschen, Rettich, Mangold, Salat, Knoblauch, Erbse, Kohlrabi, Rosmarin, Salbei, Schnittlauch – Petersilie, Rote Bete
Pastinake (Doldenblütler, M)	+ Zwiebel, Zichorien-Salat, Tomate, Radieschen, Rettich, Mangold, Knoblauch, Erbse

Starkzehrer (St), Mittelzehrer (M), Schwachzehrer (Sch)

GEMÜSEART	GUTE (+) UND SCHLECHTE (–) NACHBARN
Fenchel (Doldenblütler, M)	+ Basilikum, diverse Kohlarten, Endivie, Gurke, Salat, Spinat, Zucchini – Estragon, Bohne, Koriander, Tomate, Zitronenmelisse
Kerbel (Doldenblütler, Sch–M)	+ Salat, Radieschen, Rettich, Knoblauch, Rote Bete, Zwiebel – Kapuzinerkresse, Koriander, Petersilie, Rauke
Koriander (Doldenblütler, Sch–M)	+ Rettich, Spinat – Kerbel, Fenchel
Petersilie (Doldenblütler, M)	+ Tomate, Radieschen, Rettich, Basilikum, Schnittlauch, Knoblauch, Kartoffel, Porree, Ringelblume – Salat, Lavendel, Möhre, Kohl
Dill (Doldenblütler, Sch–M)	+ Bohne, Möhre, Gurke, Erbse, Rettich, Porree, Rote Bete, Salat, Zwiebel, Spinat, Tomate, Mais – Fenchel, Petersilie
Feldsalat (Baldriangewächs, Sch)	+ Bohne, Erbse, Erdbeere, Zwiebel, Endivie, Spinat
Mangold (Gänsefußgewächs, M)	+ Rettich, Radieschen, Erbse, Bohne, Basilikum, Kohlrabi, Möhre, Salat – Tomate, Rote Bete, Spinat
Spinat (Gänsefußgewächs, M)	+ Tomate, alle Kohlarten, Radieschen, Rettich, Erdbeere, Dill, Kohlrabi, Möhre, Mais – Feldsalat, Mangold, Rote Bete, Zwiebel
Rote Bete (Gänsefußgewächs, M)	+ Zwiebel, Salat, Knoblauch, Bohne, Erbse, Feldsalat, Kohlrabi, Radieschen, Rettich, Bohnenkraut, Dill, Kerbel, Zwiebel – Kartoffel, Tomate, Mangold, Spinat, Möhre, Porree, Mais
Erbse (Schmetterlingsblütler, Sch–M)	+ Radieschen, Rettich, Salat, Fenchel, Gurke, Möhre, Mais, Pfefferminze, Ringelblume, Rote Bete, Spinat, Zucchini + Tomate, Bohne, Knoblauch, Kartoffel
Bohne (Schmetterlingsblütler, Sch–M)	+ Mais, Tomate, Rote Bete, Radieschen, Rettich, Salat, Knoblauch, Gurke, Mangold, Bohnenkraut, Dill, Endivie, Kohlrabi, Rosmarin, Spinat, Thymian – Zwiebel, Erbse, Fenchel, Möhre
Tomate (Nachtschattengewächs, St)	+ Basilikum, Petersilie, Dill, Schnittlauch, Pfefferminze, Rosmarin, Thymian, Zitronenmelisse, Salbei, Bohne, Spinat, Radieschen, Rettich, Kopf-, Pflück- und Zichorien-Salat, Kapuzinerkresse, Ringelblume, Kohlrabi, Zwiebel – Erbse, Kartoffel, Rote Bete, Mais
Paprika, Chili (Nachtschattengewächs, St)	+ Salat, Basilikum, Gurke, Kohlrabi, Ringelblume, Kapuzinerkresse, Knoblauch – Kartoffel, Kohl
Kartoffel (Nachtschattengewächs, St)	+ Spinat, Pfefferminze, Erdbeere, Dill, Bohnenkraut, Bohne, Kapuzinerkresse, Lavendel, Petersilie, Zitronenmelisse, Mais – Tomate, Rote Bete, Erbse, Gurke, Kürbis, Pak Choi, Zucchini, Zwiebel
Zuckermais (Süßgras, St)	+ Dill, Thymian, Erbse, Bohne, Gurke, Kartoffel, Kürbis, Salat, Spinat, Zucchini – Rote Bete

GEMÜSEART	GUTE (+) UND SCHLECHTE (−) NACHBARN
Salatgurke (Kürbisgewächs, St)	+ Zwiebel, Bohne, Rote Bete, Knoblauch, Dill, Basilikum, Erbse, Fenchel, Kohlrabi, Salat, Möhre, Petersilie, Pfefferminze, Spinat − Majoran, Paprika, Radieschen, Salbei, Thymian, Tomate, Kartoffel
Zucchini (Kürbisgewächs, St)	+ Zwiebel, Bohne, Erbse, Fenchel, Spinat, Mais, Basilikum, Kapuzinerkresse − Kartoffel, Radieschen, Rettich, Rosmarin, Salbei, Thymian
Kürbis (Kürbisgewächs, St)	+ Bohne, Ringelblume − Gurke
(Lauch-)Zwiebel, Porree (Lauchgewächs, Sch–M)	+ Möhre, Pastinake, Zucchini, Rote Bete, Salat, Tomate, Gurke, Erdbeere, Dill − Erbse, Bohne, Kartoffel, Majoran, Radieschen, Rettich, Spinat
Schnittlauch (Lauchgewächs, Sch)	+ Möhre, Pastinake, Zucchini, Rote Bete, Salat, Kohl, Porree, Kapuzinerkresse, Gurke, Erdbeere, Dill, Tomate − Erbse, Bohne, Majoran
Winterpostelein (Portulakgewächs, Sch)	+ Asia-Salat, Feldsalat, Salat-Rauke, Salat, Spinat
Basilikum (Lippenblütler, M)	+ Gurke, Tomate, Zucchini, Fenchel, Ringelblume − Majoran, Salbei, Thymian, Zitronenmelisse
Berg-Bohnenkraut (Lippenblütler, Sch–M)	+ Bohne, Zwiebel, Basilikum − Rettich
Lavendel (Lippenblütler, Sch–M)	+ Kartoffel, Kohl, Majoran, Thymian − Salat, Petersilie, Rettich
Majoran (Lippenblütler, Sch–M)	+ Bohne, Kartoffel, Kohl, Lavendel − Basilikum, Gurke, Knoblauch, Porree, Zwiebel
Oregano (Lippenblütler, Sch–M)	+ Kohl − Möhre, Tomate, Zwiebel, Schnittlauch
Pfefferminze (Lippenblütler, M)	+ Tomate, Salat, Möhre, Erbse, Kartoffel, Kohlrabi
Rosmarin (Lippenblütler, M)	+ Bohne, Möhre, Knoblauch, Kohlrabi, Salbei, Tomate − Kürbis, Gurke, Zucchini
Salbei (Lippenblütler, Sch–M)	+ Bohne, Erbse, Kohlrabi, Tomate, Möhre, Kohl − Kürbis, Gurke, Zucchini
Thymian (Lippenblütler, Sch)	− Kürbis, Gurke, Zucchini
Zitronenmelisse (Lippenblütler, M)	− Fenchel
(Monats-)Erdbeeren (Rosengewächs, M)	+ Zwiebel, Radieschen, Rettich, Salat, Bohne, Feldsalat, Spinat, Petersilie, Rote Bete, Knoblauch
Kapuzinerkresse (-gewächs, Sch–M)	+ Bohne, Rettich, Radieschen, Gurke, Kürbis

Ersatzgärten für jeden
STANDORT

Haben Sie schon eine Idee? Wie soll es aussehen, Ihr Gartenparadies auf dem Balkon? Klar ist, dass Sie Großmutters Garten aus den Erinnerungen Ihrer Kindheit nicht eins zu eins kopieren können, da fehlt einfach der Platz. Aber mit einem funktionierenden Bepflanzungsprinzip lassen sich Ausschnitte aus dem Garten auch auf kleinem Raum verwirklichen: das Hochbeet mit den frischen Salaten, die duftende Kräuterecke, das saftig-süße Naschobst ...

WANTED
Bewährte Pflanzsysteme

*Der Standort ist gecheckt, Sie wissen von den Bedürfnissen der
Pflanzen und worauf es bei Blumenerde und Nachdüngung ankommt.
In Gedanken haben Sie sicherlich anhand der Pflanzenporträts
bereits eine Einkaufsliste zusammengestellt. Doch halt: Wissen Sie
überhaupt schon, wie Ihr Gärtlein aus Gefäßen aussehen soll?*

GRÜNE OASEN

Aha, Sie haben sich im Netz informiert und viele
schöne Anregungen gesammelt. Prima! Auch wir
haben intensiv im Internet recherchiert und waren
beeindruckt von der Vielfalt an Ideen und Vor-
schlägen, wie man auf noch so kleinem Platz seine
eigene grüne Oase schaffen kann. Doch nicht jeder
kreative Vorschlag ist gleichermaßen gut umzusetzen. Und, was noch viel wichtiger ist: Viele dieser
hübschen Ideen funktionieren nur mit mehr oder
weniger großen Einschränkungen.
Deshalb haben wir uns gedacht, dass wir das
Gros der Vorschläge aus dem Netz genauer unter
die Lupe nehmen und einem Experten-Check
unterziehen. Dafür haben wir diejenigen Ideen in
Gruppen zusammengefasst, denen ein ähnliches
Prinzip zugrunde liegt. Kräuter und Gemüse, die
in Gläsern, Dosen und Bechern herangezogen
werden, finden sich beispielsweise in der Gruppe
der »Minigefäße«. Aufrecht stehende Europaletten
repräsentieren zusammen mit an der Wand ange-
brachten Taschen und Regalsystemen das Prinzip
des »Vertical Gardening«. Ebenso sind Pflanztürme
und Pflanzpyramiden in einer eigenen Gruppe
zusammengefasst. Denn Sie wollen doch sicherlich
wissen, wie diese Systeme jeweils gehandhabt
werden, worauf man besonders achten muss und
welche Gewächse dafür geeignet sind? Dass Tomatenpflanzen nicht in einem Plastikbecher gedeihen

können, sollte den meisten Lesern eigentlich von
vornherein klar sein. Doch welches Grünkraut
kommt denn überhaupt mit solch kargen Bedingungen zurecht oder mit denen in einer Pflanztasche an der Südfassade einer Hauswand?
Die Antwort auf diese Fragen finden Sie auf den
folgenden Seiten. Ebenso erfahren Sie, wie das
Prinzip der Hochbeete aus Bäckerkisten funktioniert und wie diese im Vergleich zu den Euro-
paletten-Holzrahmen abschneiden.

WAS PASST ZU WEM?

Unser Experten-Check soll Ihnen eine Entschei-
dungshilfe an die Hand geben, um unter der Vielzahl verschiedener Möglichkeiten diejenige heraus-
zufinden, die am besten zu Ihnen und dem Ihnen
zu Hause zur Verfügung stehenden Platzangebot
passt. Für einen Innenhof mit Erdanschluss empfiehlt sich beispielsweise ein klassisches Hochbeet.
Auf dem einer Terrasse vorgelagerten Beet-Strei-
fen könnten Sie ein Quadratbeet des »Square Foot
Gardening« gestalten, während auf der Terrassen-
fläche selbst große Pflanzkästen oder eine Pflanzpyramide Platz finden würden.
Zusätzlich stellen wir Ihnen dar, was sich hinter
den innovativen Systemen Aquaponik und Terrabioponik verbirgt. Sie funktionieren wie kleine
Minifarmen, die auf dem Prinzip einer in sich

geschlossenen Kreislaufwirtschaft basieren. Denn der Dünger für die Pflanzen wird von Fischen bzw. Regenwürmern produziert. Die Fische werden dafür zwar mit Extrafutter versorgt, die Würmer hingegen kommen mit den Küchen- und Gemüseabfällen aus. Die Bewässerung erfolgt automatisch, Überschüsse werden aufgefangen und zirkulieren im System, sodass dieses insgesamt sparsam mit Wasser umgeht. Vielleicht ist ja sogar diese zukunftsweisende Anbaumethode etwas für Sie! Neugierig geworden? Dann nehmen Sie sich Zeit für die folgenden Seiten. Erwägen Sie die Vor- und Nachteile der Systeme und Gefäße. Machen Sie sich klar, was Sie darin anpflanzen möchten, und entscheiden Sie sich dann für das, was am besten zu Ihren zukünftigen Plänen als urbaner Gärtner passt. Zu guter Letzt dürfen Sie nicht versäumen, sich mindestens ebenso viel Zeit zu nehmen, um die vielen Bepflanzungsvorschläge im letzten Teil des Buches zu studieren. Insgesamt vier Musteranbaupläne sind für jedes Pflanzsystem konzipiert und genau auf dieses abgestimmt – für Sie die ideale Starthilfe ins neue Gartenjahr.

Es gibt vielfältige Möglichkeiten: Salate lassen sich auch in Tetra Paks und Körben heranziehen. Entscheidend ist im Anschluss die richtige Pflege.

Beliebte Lösungen für das »Vertical Gardening« sind Paletten, die mit Folie bespannt, aufrecht an die Wand gestellt und dann bepflanzt werden.

VERTIKALE BEETE

Die Idee des vertikalen Gärtnerns geht auf den französischen Botaniker und Gartenkünstler Patrick Blanc zurück, der schon 1984 seine erste Wand mit Pflanzen gestaltete. Er entwickelte ein System, in dem die Gewächse ohne Erdboden auskommen und so großflächig Wände begrünen können. Ein wesentliches Ziel dabei war und ist die Verbesserung des Stadtklimas. Denn mit vertikalen Beeten können Pflanzen noch auf engstem Raum wachsen.

Was es so alles gibt

Das Prinzip des »Vertical Gardening« nutzen inzwischen viele Balkongärtner, um das begrenzte Platzangebot optimal ausschöpfen und auf diese Weise grüne Oasen schaffen zu können. In den seltensten Fällen greifen sie zur Begrünung der Wände jedoch auf ein erdenloses System zurück, wie beispielsweise auf das aus den Niederlanden stammende Verti-Plant, das mit einer automatischen Bewässerung ausgestattet ist. Stattdessen werden oftmals Pflanztaschen am Balkongeländer oder an der Hauswand befestigt. Ausgesprochen beliebt sind zudem Europaletten, die man hochkant aufstellen, mit Folie bespannen und schließlich bepflanzen kann. Mit Pflanzen bestückte Etageren, Regale und ausgediente Leitern, auf deren Sprossen Regalböden montiert werden, sind weitere Möglichkeiten, wie man den Grünraum nach oben erweitern kann.

Funktioniert ähnlich wie eine Hydrokultur: Nährlösung wird in die Rohre an der Wand gepumpt, in deren Aussparungen Salatpflanzen sprießen.

*Pflanztaschen an der Wand mit diversen Kräutern
sehen hübsch aus und sind überaus praktisch,
wenn man gern mit frischen Kräutern würzt.*

Auf den Punkt gebracht

Vertikale Beete sind kleine Raumwunder. Sie schaffen dort zusätzlichen Lebensraum, wo gewöhnlich keine Pflanzen wachsen, wie etwa unmittelbar an der Hauswand. So sehen Pflanztaschen mit verschiedenen Kräutern nicht nur hübsch aus, sie sind auch praktisch, wenn man gern mit Kräutern kocht. Die meisten »Wandbeete« bieten jedoch wenig Platz für Wurzeln und befinden sich an einem Ort, der die Pflanzen aufgrund hoher Sonneneinstrahlung schnell austrocknen lässt. Darum gilt es Pflanzen zu wählen, die mit diesen Bedingungen grundsätzlich klarkommen (> Info, rechts). Dennoch muss regelmäßig gewässert werden.

Die wichtigsten Tipps

- Setzen Sie die Pflanzen so tief in das Behältnis ein, dass bis zum Rand noch etwas Platz bleibt. Dort kann sich das Gießwasser sammeln und dann langsam bis zu den Wurzeln vordringen.
- Eine automatische Bewässerung spart viel Arbeit.
- Schützen Sie die Wände gegen Durchfeuchtung.
- Leitern und Regale müssen fest verankert und Pflanztaschen gut befestigt werden, damit sie auch Unwettern standhalten können.

ERNTEGLÜCKSPFLANZEN

Gut geeignet sind kleine bis mittelgroße Arten, wie beispielsweise:
- Salate: Schnittsalat, Rauke, Asia-Salat
- mediterrane Kräuter: Rosmarin, Lavendel, Salbei, Oregano, Thymian, Ysop, Berg-Bohnenkraut, Majoran und Basilikum
- Küchenkräuter: Schnittlauch, Petersilie, Dill, Kerbel, Kresse
- kleinere Gemüsearten: wie Radieschen, Frühlingszwiebeln
- Wald-Erdbeeren

Weniger gut geeignet sind große oder stark wuchernde Arten, wie beispielsweise:
- Kopfkohlarten und Sellerie
- Tomaten und Paprika
- Zucchini, Gurke und Kürbis
- Bohnen und Erbsen
- Rote Bete, Mangold, Kohlrabi und Möhren lassen sich nur in Palettenbeeten mit ausreichendem Erdvolumen gut anbauen.

Pflanzkästen sind nichts anderes als kleine Beete in Gefäßen. Hier ist ein Kräuterbeet angelegt worden.

VON KISTEN & KÄSTEN

Pflanzkästen entsprechen einem Gartenbeet im Miniformat: Sie können in Reihen säen oder pflanzen wie auch eine gezielte Mischkultur anlegen. Ein bepflanzbarer Kasten kann die Größe eines Schuhkartons haben oder – mit allen Zwischenstufen – die Ausmaße eines Hochbeets besitzen. Pflanzkästen sind in der Regel eckig, runde Gefäße werden eher als Einzelpflanzengefäß genutzt.

Was es so alles gibt

Pflanzkästen unterscheiden sich in Form und Größe, in Material und Gewicht sowie in Stabilität und Haltbarkeit. Kästen aus **Terrakotta** haben einen natürlichen Charme, sind aber schwer und trocknen schnell aus. **Kunststoffkästen** sind leichter und halten das Wasser besser. Optisch gibt es mehr oder weniger schöne Modelle. **Holzkästen** sehen sehr natürlich aus. Sie müssen von innen durch eine Folie vor Erdkontakt geschützt werden. Das erhöht ihre Lebensdauer beträchtlich. Kästen aus **Beton** wirken sehr formal. Sie passen zu modernen Stadthäusern. Eine ähnliche Optik haben Kästen aus **Fiberglas**. Ihr Vorteil ist, dass sie sehr viel leichter sind als ähnliche Modelle aus Beton.

Auf den Punkt gebracht

Durch das breite Spektrum an Materialien und Größen von Pflanzkästen können diese an jedem Standort als Gemüsebeet eingesetzt werden. Die

Pflanzen in kleinen Kästen müssen häufig mit Wasser versorgt werden, damit sie üppig wachsen.

Treppenförmig aufgebaute Pflanzkisten beschatten sich nicht gegenseitig. Die Pflanzen können ungehindert nach oben wachsen.

kleinen und leichten Varianten stehen auf dem Balkon, die etwas größeren dort, wo das Gewicht keine Rolle spielt, wie auf einer Terrasse oder in einem Innen- bzw. Hinterhof.

Kleinere Kästen können auch übereinander angeordnet werden. Der Vorteil besteht in der besseren Ausnutzung der Fläche, da auch die Vertikale miteinbezogen wird. Nachteilig ist, dass die oberen Kästen die unteren beschatten, es sei denn, Sie platzieren die Gefäße auf einer Pflanztreppe. Treppen brauchen zwar mehr Platz als flach an der Wand stehende Regale, bieten aber in jeder Etage einen Platz an der Sonne.

Die wichtigsten Tipps

- Kaufen Sie im Handel einen Pflanzkasten, der für diesen Zweck konzipiert ist. Dazu muss er Löcher im Boden haben. Das ist sehr wichtig, damit überschüssiges Gieß- oder Regenwasser abfließen kann. Wollen Sie andere Gefäße zum Pflanzkasten umfunktionieren, müssen Sie diese Löcher nachträglich hineinbohren.
- Eine Abdeckung mit Tonscherben oder Blähton verhindert, dass die Wasserabzugslöcher im Lauf der Zeit mit Erde verstopft werden.

ERNTEGLÜCKSPFLANZEN

Für kleine Kästen:
- Pflanzen, die Trockenheit vertragen, wie beispielsweise mediterrane Kräuter (Rosmarin, Thymian, Lavendel, Olivenkraut, Currykraut)

Für größere Kästen:
- schnell wachsende Salate
- Buschbohnen
- Fenchel
- Rote Bete
- Möhren (tiefe Gefäße)
- Spinat, Mangold
- Tomaten und Paprika (Gefäße ab 10 l)

Weniger gut geeignet sind:
- Gemüse mit einer langen Kulturzeit, wie Kopfkohl, Sellerie
- große Gemüsearten mit viel Blattmasse, über die erheblich Wasser verdunstet wird, wie z. B. Kürbis und Zucchini

Je höher die Pflanzpyramide ist, desto sorgsamer müssen Sie beim Gießen vorgehen. Versorgen Sie am besten jede Etage einzeln mit Wasser.

TÜRME & PYRAMIDEN

Pflanztürme und -pyramiden stellen Varianten des vertikalen Gärtnerns dar (> Seite 60). Türme haben die Form einer Säule mit seitlichen Pflanzöffnungen. Pflanzpyramiden bestehen aus gestapelten Pflanzrahmen, die nach oben immer kleiner werden. Gemeinsam haben Türme und Pyramiden, dass in der Mitte des Aufbaus ein durchgängiger Erdkörper verläuft, der allen Pflanzen gemeinsam als Wurzelraum dient. Die Wurzeln können tief in die Erde hineinwachsen und profitieren von dem dort vorhandenen Wasser- und Nährstoffvorrat.

Was es so alles gibt

Türme und Pyramiden können aus verschiedenen Materialien gebaut sein, die ihre eigenen Vor- und Nachteile haben. **Holz** wirkt natürlich, verwittert aber schnell. Bei **Kunststoff** ist es genau umgekehrt. **Drahtgeflechte**, ausgekleidet mit Kokosmatten oder Stroh, müssen stabilisiert werden, damit sie gut stehen. **Metall** als überaus haltbares Material hat eine sehr gute Wärmeleitfähigkeit. An heißen Sommertagen können Pflanzenwurzeln am Rand des Pflanzgefäßes schnell verbrennen.

Auf den Punkt gebracht

Pflanztürme und -pyramiden sind in jeder erdenklichen Größe möglich. Daraus ergibt sich, dass sie sowohl für Balkon und Terrasse als auch für einen

Bei einem Kartoffelturm können Sie auch aus den Seiten Pflanzen herauswachsen lassen, wenn Sie das Drahtgitter stellenweise aufschneiden.

In hohen Türmen, bei denen kein Tropfschlauch im inneren Erdkörper verlegt ist, können die unteren Pflanzen schnell vertrocknen.

ERNTEGLÜCKSPFLANZEN

In Türme werden am besten vorgezogene Jungpflanzen eingesetzt. In Pflanzpyramiden kann auch ausgesät werden.

Gut geeignet sind alle kleinen bis mittelgroßen Arten, wie beispielsweise:
- Asia-Salate, Kopf- und Pflücksalate
- Salat-Rauke
- Spinat
- Kräuter
- Fenchel
- Radieschen
- Rote Bete
- Buschbohnen

Weniger gut geeignet sind große, schwere Arten sowie Wurzelgemüse:
- Fruchtgemüse, wie z. B. Tomaten, Paprika, Auberginen, Zucchini
- Kopfkohl
- Möhren

Innen- oder Hinterhof verwendet werden können. Für Balkone eignen sich insbesondere kleine Varianten, die auf einem Untersetzer stehen. So bleibt der Boden schön trocken. Etwas stattlicher darf der Turm für eine Terrasse ausfallen. Die großen bis mannshohen Türme stehen am besten in einem Innen- oder Hinterhof. Auf unempfindlichem Pflaster, auf dem Rasen oder in Beeten kann der Turm oder die Pyramide unten offen sein.

Die wichtigsten Tipps

- Die Grundfläche eines Pflanzturms sollte so groß sein, dass Standfestigkeit sicher gewährleistet ist. Pflanzpyramiden stehen in der Regel durch ihre Konstruktion bedingt stabil.
- Vorsicht bei Türmen mit seitlichen Pflanznischen. Hier trocknet die Erde sehr schnell aus, und die Pflanzen nehmen Schaden, wenn ihre Wurzeln nicht weit genug in die Turmmitte reichen. Bei schlecht konstruierten Türmen sind die Nischen sogar vom inneren Erdkörper abgekoppelt.
- Am besten funktioniert die Bewässerung eines Pflanzturms, wenn beim Aufbau gleich ein Tropfschlauch wendelförmig von unten nach oben in den Erdkörper gelegt wird.

Big-Bags haben ein großes Volumen und können viel Wasser und Nährstoffe speichern. Daher wachsen hier auch größere und starkzehrende Pflanzen.

EXPERTEN-CHECK

- **Wasserversorgung**: Unproblematisch, sofern ein Wasseranschluss in der Nähe ist.
- **Erdvolumen**: Insgesamt groß; je größer die Aufbauten, desto mehr Erdvolumen.
- **Pflanzenwohl:** Sehr gut, wenn ein strukturstabiles und nährstoffreiches Substrat verwendet wird (> Seite 15).
- **Wind- und Wetterfestigkeit:** Insgesamt eher problemlos, die Holzrahmen verwittern jedoch mit der Zeit.
- **Pflegeaufwand:** Mittel, im Sommer muss täglich gegossen werden. Nur Starkzehrer eventuell nachdüngen.

FLEXIBEL & MOBIL

Hochbeete auf Europaletten sind vielfach in Gemeinschaftsgärten zu finden, die seit einigen Jahren in großen Städten aus dem Boden sprießen. Da die vorhandenen Flächen oftmals unfruchtbar und möglicherweise auch schadstoffbelastet sind, suchte man nach Möglichkeiten, unabhängig vom gewachsenen Boden zu gärtnern. So wurde die Idee geboren, Europaletten als Unterbau für Hochbeete einzusetzen. Die Beete sind vom Boden getrennt und lassen sich sogar mit einem Hubwagen transportieren. Abgestimmt auf die genormte Palettengröße von 80 x 120 cm, gibt es Rahmen, Kisten und Säcke zum Aufsetzen.

Was es so alles gibt

Ein mobiles Hochbeet kann beispielsweise aus **Bäckerkisten** gebaut werden. Von den robusten, lebensmittelechten Kisten passen genau vier Stück auf eine Palette. Sie sind in verschiedenen Höhen zu bekommen und beliebig stapelbar. Die gitterförmigen Seitenwände werden mit Pappe oder Vlies ausgekleidet, um die Erde in der Kiste zu halten. Wie die Wände sind auch die Kistenböden durchbrochen. Dadurch ergibt sich die Möglichkeit, dass Pflanzen bei übereinandergestapelten Kisten bis in die untere Kiste einwurzeln.
Die zweite Variante, ein Hochbeet auf Europaletten zu bauen, ist das Aufsetzen von **Holzrahmen**.

Auf einer Europalette als Grundlage können einfache Faltrahmen aus Holz zu einem Hochbeet in variabler Höhe zusammengesteckt werden.

Auch starre Holzrahmen mit metallverstärkten Ecken sind in Palettengröße erhältlich – zweistöckig verwendet, bieten sie noch mehr Erdvolumen.

ERNTEGLÜCKSPFLANZEN

Gut geeignet sind alle kleinen bis mittelgroßen Arten, wie beispielsweise:
- Asia-Salate, Kopf- und Pflücksalate
- Salat-Rauke
- Spinat
- Kräuter
- Balkontomaten
- Snackpaprika
- Fenchel
- Radieschen und Rettich
- Rote Bete
- Kohlrabi
- Möhren
- Buschbohnen

Weniger gut geeignet sind sehr große oder wuchernde Arten, so z. B.:
- Kopfkohlarten
- Kürbis
- Zucchini
- Minze

Verbreitet sind 20 cm hohe Faltrahmen aus Holz, die in beliebiger Stückzahl übereinandergesetzt werden können. In der Schweiz und in Österreich sind auch etwas formschönere, starre Aufsätze mit Metallecken im Einsatz. Diese 40 cm hohen Rahmen sind in Deutschland jedoch nur schwer zu bekommen und daher teurer (> Seite 141).
Big-Bags sind große, stabile Säcke aus Kunststoffgewebe, die in der Baubranche als Transportsäcke genutzt werden. Sie sind wasserdurchlässig und eignen sich daher auch zum Bepflanzen. Big-Bags kosten weniger als 10 € und sind als Beet mindestens zwei bis drei Jahre nutzbar.

Auf den Punkt gebracht

So ein Beet kann auf einer großen Terrasse, besser noch in einem Hinter- oder Innenhof aufgebaut werden. Die Mindestfläche von 80 x 120 cm lässt sich durch das Aneinanderreihen mehrerer Paletten jederzeit vergrößern. Durch die hohen Stückzahlen, in denen Paletten und Aufsätze hergestellt werden, sind die Beete kostengünstig. Einige Aufbauten haben eine wenig natürliche Optik, doch alle oben beschriebenen Varianten funktionieren sehr gut als Beet.

Ein einfaches Hochbeet können Sie aus vier zu einem Kasten zusammengeschraubten Europaletten bauen. Für mehr Pep sorgt ein bunter Anstrich.

GUT GEERDET

Hochbeete mit Bodenanschluss, also nach unten hin offen, sind im urbanen Umfeld die perfekte Lösung, ein Gemüsebeet anzulegen. Sie sind etwa 80 cm hoch, lassen sich bequem in aufrechter Haltung bewirtschaften, bringen einen hohen Ertrag und sind im Vergleich zum Grundbeet relativ schnecken- und hundesicher.

Was es so alles gibt

Hochbeete können aus verschiedenen Materialien gebaut werden. Sehr verbreitet sind Beetrahmen aus Holz. Möglich sind aber auch Steine, Kunststoff, Beton, Wellblech oder Cortenstahl. Für den kostengünstigen Selbstbau eignen sich Europaletten, die aufrecht gestellt zu einem Kasten verschraubt werden. Praktisch sind auch Metallprofile, in die man Bretter hineinschieben kann. Hochbeete können überdies als Bausatz oder als fertig montiertes Objekt gekauft werden. Je nach Größe und verwendetem Material ist für jeden Geldbeutel ein passendes Objekt zu finden.

Auf den Punkt gebracht

Hochbeete sind in ihrer Größe extrem variabel. Sie können an jedem sonnigen Platz auf einem freien Stück Erdboden stehen. Im Innen- oder Hinterhof lässt sich ein Hochbeet bequem auf einer Rasenfläche oder in Beeten an der Süd-, Ost- oder Westseite eines Gebäudes aufstellen.

EXPERTEN-CHECK

○ **Wasserversorgung:** Unproblematisch, sofern ein Wasseranschluss in der Nähe ist; andernfalls sorgt eine Regentonne, die regelmäßig mit Wasser befüllt wird, für schnellen Nachschub in der Gießkanne.
○ **Erdvolumen:** Groß, bei klassischer Füllung muss jährlich Erde nachgefüllt werden.
○ **Pflanzenwohl:** Sehr gut.
○ **Wind- und Wetterfestigkeit:** Problemlos, Einfassungen aus Holz verwittern jedoch nach längerer Zeit.
○ **Pflegeaufwand:** Mittel, im Sommer muss täglich gegossen werden.

Eine Lage Ziegel unter den Holzwänden schützt vor Feuchtigkeit und erhöht die Haltbarkeit des Holzes.

Hochbeete trocknen schnell aus. Ein Wasserhahn für den Schlauchanschluss oder eine Regentonne in Reichweite erleichtern das Gießen erheblich.

Hochbeete erwärmen sich schneller als Grundbeete, da die Erde durch den Aufbau von allen Seiten von Sonne beschienen wird. Das bringt den Pflanzen einen Wachstumsvorteil, hat aber auch zur Folge, dass das Beet schneller austrocknet.

Die wichtigsten Tipps

- Ein Hochbeet sollte nicht breiter als 1,20 m sein, damit man von beiden Seite für die Pflege- und Erntearbeiten bis zur Mitte gelangt.
- Eine gute Bewässerung ist bei Hochbeeten extrem wichtig. Ist kein Wasserhahn in der Nähe, können Sie eine große Regentonne aufstellen und diese von Zeit zu Zeit mit einem Schlauch befüllen, falls kein Anschluss an ein Regenfallrohr möglich sein sollte. Aus der Tonne können Sie mit einer Gießkanne schnell Wasser schöpfen. So sparen Sie eventuell lange Wege bis zum Wasserhahn. Sind Kinder in der Nähe, sollten Sie die Tonne möglichst sicher verschließen.
- Ein Fundament aus Ziegelsteinen oder Ähnlichem erhöht die Haltbarkeit von Holzrahmen. Hierzu einen flachen Graben in der Größe des Beetes ausheben, etwas Sand hineinfüllen und eine Reihe passender Steine verlegen.

ERNTEGLÜCKSPFLANZEN

Gut geeignet sind alle kleinen bis mittelgroßen Arten, wie beispielsweise:
- Asia-Salate, Kopf- und Pflücksalate
- Salat-Rauke
- Spinat
- Kräuter
- Balkontomaten
- Snackpaprika
- Fenchel
- Radieschen und Rettich
- Rote Bete
- Kohlrabi
- Möhren
- Buschbohnen

Weniger gut geeignet sind sehr große oder wuchernde Arten, so z. B.:
- Kopfkohlarten
- Kürbis
- Zucchini
- Minze

In einem Quadratbeet kann jedes Quadrat mit einem anderen Gemüse bepflanzt werden. Das bringt Vielfalt auf kleinem Raum.

GÄRTNERN IM QUADRAT

Das Konzept des »Square Foot Gardening« ist in den 1980er-Jahren von dem Amerikaner Mel Bartholomew entwickelt worden. Jahrelang hatte er, wie es üblich war, Gemüse in Reihen angebaut. Er beobachtete, dass dabei viel Platz verschenkt wird, dass oftmals zu viel Gemüse einer Art zur gleichen Zeit erntereif ist und dass die Beete auf nur wenige Arten beschränkt sind. Er hinterfragte den Sinn dieser Anbauweise für den Hausgarten und begann zu experimentieren. Das Ergebnis seiner Überlegungen war, dass er Gemüse statt in Reihen nun in Quadraten von 30 x 30 cm anbaute.

Der Name »Square Foot Gardening« ist auf die amerikanische Längeneinheit »foot« zurückzuführen, die in etwa 30 cm entspricht. Bartholomew bepflanzte jedes dieser Quadrate mit einer anderen Gemüseart und setzte die Pflanzen enger, als es in Reihen üblich war. Mehrere kleine Quadrate fügte er zu einem größeren Quadrat oder Rechteck zusammen, das er mit einem Rahmen einfasste. Sobald eine Gemüseart reif ist, wird sie geerntet und das frei gewordene Quadrat wieder neu bepflanzt.

Auf den Punkt gebracht

Bartholomew hatte Erfolg mit seiner Anbauweise, und diese ist inzwischen auch vielfach getestet worden. Einige Gemüsefreunde kommen mit seiner Quadratgröße von 30 cm² gut klar, andere bevorzugen eine eher größere Variante mit 40 cm².

EXPERTEN-CHECK

- **Wasserversorgung:** Unproblematisch, sofern ein Wasseranschluss in der Nähe ist; andernfalls sorgt eine Regentonne, die regelmäßig mit Wasser befüllt wird, für schnellen Nachschub in der Gießkanne.
- **Erdvolumen:** Bei Bodenanschluss groß.
- **Pflanzenwohl:** Sehr gut, wenn geerntet werden kann, bevor es zu eng wird.
- **Wind- und Wetterfestigkeit:** Holzrahmen verrotten mit der Zeit, daher das beständigere Lärchenholz verwenden.
- **Pflegeaufwand:** Mittel, die Erstbepflanzung ist etwas aufwendiger.

Kohlrabi besser an den Rand des Beetes pflanzen. In der Mitte bedrängen sie zu sehr ihre Nachbarn.

Zu Beginn der Gartensaison wird das Beet komplett bepflanzt. Später hat man dann wenig Arbeit, weil nur kleine Quadrate neu bestückt werden.

In jedem Fall ist es mit dieser Bepflanzungsweise möglich, auf relativ kleinem Raum eine große Vielfalt an Gemüse anzubauen. Das bietet die Möglichkeit, viele verschiedene Arten kennenzulernen, und ist schön für Kinder.

Die wichtigsten Tipps

- Quadratbeete sollten am besten auf gewachsenem Boden angelegt werden. Sonnig gelegene Rasenflächen oder Beetstreifen vor einer Terrasse oder im Innenhof sind ideal. Die Pflanzen stehen recht eng und brauchen an heißen Sommertagen viel Wasser. Unten geschlossene Beete würden schnell austrocknen.
- Dennoch ist es möglich, einen Boden einzubauen, um das Beet beispielsweise auf einer Terrasse unterzubringen.
- Die kleineren Quadrate reichen aus, wenn Sie unter anderem Gemüse anbauen, bei dem Sie frühzeitig mit der Ernte beginnen können, eventuell schon, wenn die Pflanzen noch nicht ganz ausgewachsen sind (z. B. Kopfsalat). Nehmen Sie beispielsweise aus einem 5er-Quadrat die mittlere Pflanze vorzeitig heraus, haben die übrigen mehr Platz, um sich auszubreiten.

ERNTEGLÜCKSPFLANZEN

Die Zahl gibt an, wie viele Pflanzen in ein Quadrat gesetzt werden können. Zumeist lassen sie sich in unten gezeigte Rasterschablonen einordnen. **Gut geeignet** sind fast alle kleinen bis mittelgroßen Arten:
- Asia-Salate (9), Kopf- und Pflücksalate (5)
- Salat-Rauke (9)
- Spinat (9)
- Fenchel (5)
- Radieschen (16) und Rettich (5)
- Rote Bete (5)
- Kohlrabi (5) an die Ecken setzen!
- Möhren (16)
- Buschbohnen (5)

Weniger gut geeignet sind sehr große oder wuchernde Arten, so z. B.:
- Kopfkohlarten
- Kürbis
- Zucchini, Gurken
- Minze

Aufgeschnittene Plastikflaschen wurden an Schnüre gehängt und bepflanzt. Ein grüner Algenbelag an der Innenseite mindert das Wachstum nicht.

HÄNGENDE BEETE

Hängende Beete entstehen oft aus einer Verlegenheit heraus. Ihnen liegen extravagante Ideen oder Spielereien zugrunde. Demnach fühlt man sich inspiriert, etwas auszuprobieren, genau wie der assyrische König vor rund 3000 Jahren. Er wollte seiner Geliebten imponieren und schuf so vermeintlich die sagenumwobenen Hängenden Gärten von Babylon, eine auf Säulen gebaute exotische Parklandschaft und als solche eines der sieben Weltwunder der Antike.

Was es so alles gibt

In der Balkonlandschaft heutiger Tage sind die Schöpfungen dann doch bescheidener. So werden etwa Blechtöpfe, die wie Schöpfkellen einen gebogenen Henkel haben, an diesem übereinander aufgehängt. Salatfarmen oder Kräuterbeete entstehen aus Verbundsystemen von Regenrinnen und Wasserrohren und bekommen einen Platz an der Wand. Oder es werden Plastikflaschen aufgeschnitten, bepflanzt und an Schnüren angebracht. Und wie wäre es mit magnetischen Blumentöpfen, die an einer Magnettafel angebracht werden? Der Klassiker unter den hängenden Beeten ist jedoch der Balkonkasten, im Grunde ebenfalls eine Verlegenheitslösung. Mit ihm haben sich schon vor hundert Jahren Menschen in mehrstöckigen Mietshäusern ein Stück Garten vors Fenster geholt und sich das Leben blumig ausgemalt.

Farbige Henkeltöpfe, hier mit Kräutern bepflanzt, lassen sich leicht platzieren und sehen gut aus.

EXPERTEN-CHECK

○ **Wasserversorgung:** Problematisch, vor allem wenn die Gefäße schief hängen.
○ **Erdvolumen:** Abhängig vom System, meist jedoch gerade ausreichend.
○ **Pflanzenwohl:** Nur bei Pflanzen, die mit hoher Sonneneinstrahlung und Trockenheit zurechtkommen, gewährleistet.
○ **Wind- und Wetterfestigkeit:** Gering bis mittelgut, je nach System.
○ **Pflegeaufwand:** Relativ hoch, es muss häufig gegossen und nachgedüngt werden; teilweise müssen Sie die Gefäße dafür abnehmen und auf den Boden stellen.

Ausgabe 1.2020

healthy life

DIE GENUSSAUSGABE

Soulfood für kalte Tage

Seelenwärmer-Rezepte für
Topf, Blech oder Pfanne

Unsere Lieblingskuchen

Nach altem Rezept und mit einer
Extra-Portion Liebe

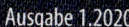

Simply V

EINFACH WEIL'S SCHMECKT!

Simply V ist eine wunderbare Ergänzung für eine vielfältige und ausgewogene Ernährung. Die Käse-Alternative mit Mandeln eignet sich nicht nur für Menschen, die sich rein pflanzlich ernähren möchten, sondern bereichert auch den Speiseplan von allen gesundheitsbewussten Genießern.

Simply V ist zudem frei von Laktose, Milcheiweiß und Gluten und kann bei einer entsprechenden Unverträglichkeit oder Allergie sorgenfrei verzehrt werden.

mit Mandel

rein pflanzlich

milchfrei

www.simply-v.de

INHALT

IMPRESSUM

Herausgeber: Gräfe und Unzer Verlag GmbH, Grillparzerstr. 12, 81675 München
©2019 Gräfe und Unzer Verlag GmbH, München

Projektleitung: Kristyna Wust
Redaktion: Viola Lex
Gestaltung: Michaela Fischer
Druck und Bindung: Druck & Bindung: ADV SCHODER, Augsburg
Anzeigenvermarktung:
KV Kommunalverlag GmbH & Co. KG
MCM Mediacenter GmbH

Alte Landstr. 23, 85521 Ottobrunn
Tel. +49 (0)89/92 80 96-53
E-Mail: anzeigen@kommunal-verlag.de

Alle Rechte vorbehalten, Nachdruck, auch auszugsweise, sowie die Verbreitung durch Film, Funk, Fernsehen und Internet, durch fotomechanische Wiedergabe, Tonträger und Datenverarbeitungssysteme jeglicher Art nur mit schriftlicher Genehmigung der Copyright-Inhaber.

Ausgabe 2020
Coverfoto: Mona Binner

SEELENFUTTER AUS ALLER WELT

Wird es draußen nass und kalt, ist es allerhöchste Zeit für Soulfood aus der Ferne. Die Küchen fremder Länder bieten Köstlichkeiten, mit denen wir uns triste Herbst- und Wintertage in der Heimat ganz einfach schön essen.

Thailand lässt grüßen!

Die Thailänder wissen genau, was auf dem Löffel für gute Laune sorgt: Mit Kokosaromen und feuriger Schärfe versetzen sie die Geschmacksknospen in Ekstase.

Hühnersuppe mit Kokosmilch

Für 4 Personen:
1 Stück Galgant
(ca. 5 cm lang; 50 g)
2 Stängel Zitronengras
3 kleine rote Chilischoten
7 Kaffir-Limettenblätter
200 g Champignons
100 g Kirschtomaten

½ Bund Koriandergrün
300 g Hähnchenbrustfilet
1 kg Kokosmilch
Salz
1 EL geröstete Chilipaste
(selbst gemacht oder
Asialaden)
4 EL Limettensaft

6 EL Fischsauce
1 EL Zucker
Zubereitungszeit:
50 Min.

Galgant schälen, in dünne Streifen schneiden. Vom Zitronengras die äußeren Blätter entfernen, die Stängel in dünne Ringe schneiden. Chilischoten waschen, putzen und in dünne Ringe schneiden. Limettenblätter waschen und trocken tupfen, Mittelrippe entfernen und Blätter zerzupfen. Champignons abreiben und halbieren. Kirschtomaten waschen und halbieren. Koriandergrün waschen, trocken schütteln und grob hacken. Hähnchenbrustfilet trocken tupfen und in 5 mm dünne Scheiben schneiden. Kokosmilch in einem Topf zum Kochen bringen. Galgant, Zitronengras, Chilis, Limettenblätter und 1 kräftige Prise Salz hinzufügen. Nochmals aufkochen und 20 Min. bei mittlerer Hitze köcheln lassen. Hähnchenscheiben dazugeben und bei starker Hitze 5 Min. unter Rühren kochen lassen. Champignons und Tomaten dazugeben und weitere 2 Min. mitköcheln lassen. Chilipaste mit Limettensaft und Fischsauce unterrühren. Mit Salz und Zucker abschmecken, auf Schalen verteilen. Mit Koriandergrün bestreuen.

Foto: Silvio Knezevic

Auf nach Israel!

Das Streetfood-Sandwich lässt Sie von einem Städtetrip ans Mittelmeer träumen: Entfliehen Sie dem Winter und kommen Sie mit in das wunderschöne, moderne und quirlige Tel Aviv.

Sabich – Sandwich mit Auberginen und Ei

Für 4 Personen:
Für die Füllung:
2 kleine Auberginen
Salz
4 Eier (M)
2 Mini-Gurken
200 g Kirschtomaten
2 Frühlingszwiebeln
6 Stängel Koriandergrün
Für die Sauce:
100 g Tahin (Sesampaste)
2 EL Zitronensaft
½ TL gemahlener Kreuzkümmel
Salz, Pfeffer
Für das Zhug:
½ Bund Petersilie
1 Bund Koriandergrün
½ grüne Chilischote
1 Knoblauchzehe
1 Msp. gemahlener Kardamom
½ TL gemahlener Kreuzkümmel
½ TL gemahlener Koriander
3 EL Olivenöl
1 TL Zitronensaft
Salz
Außerdem:
Olivenöl zum Braten
4 Pita-Brote
Zubereitungszeit: ca. 1 Std.

Auberginen putzen, waschen, längs halbieren, quer in ca. 1 cm dicke Scheiben schneiden. Mit Salz bestreuen und 30 Min. ziehen lassen. Eier in kochendem Wasser in ca. 10 Min. hart kochen, kalt abschrecken, pellen und sechsteln. Gurken und Tomaten waschen, würfeln. Frühlingszwiebeln putzen, waschen, in dünne Ringe schneiden. Koriander abbrausen, trocken schütteln, Blätter abzupfen. Mit Gurken, Tomaten und Frühlingszwiebeln in einer Schüssel vermischen, salzen und pfeffern, ca. 20 Min. ziehen lassen. Tahin, Zitronensaft, Kreuzkümmel und ca. 70 ml Wasser zu einer sämigen Sauce verrühren. Salzen und pfeffern.
Für das Zhug die Kräuter waschen, trocken schütteln. Blätter abzupfen und hacken. Chilischote waschen, halbieren, Stiel und Kerne entfernen. Chilihälften hacken. Knoblauch schälen, hacken. Kräuter, Chili und Knoblauch mit Gewürzen und Öl fein pürieren. Mit Zitronensaft und Salz abschmecken.
Auberginenscheiben mit Küchenpapier trocken tupfen. Olivenöl in einer Pfanne erhitzen, Auberginen darin portionsweise je ca. 2 Min. pro Seite anbraten. Salzen, pfeffern und auf Küchenpapier entfetten. In die Pita-Brote eine Tasche schneiden. Jeweils 1–2 EL Tahin-Sauce in die Taschen streichen. Brote mit Auberginenscheiben, Eiern und Salat füllen, das Zhug darauf geben.

GENIESSEN MIT JOHANN LAFER

Sie möchten Weihnachten, Silvester oder beim sonntäglichen Familienessen etwas Besonderes auftischen? Starkoch Johann Lafer verrät Ihnen, mit welchem Menü Sie an den Feiertagen punkten.

VORSPEISE

Rote-Bete-Lachs mit Spinat und Limettencreme

Zutaten für 4 Personen:
Für den Lachs:
2 Knollen Bio-Rote-Bete
3 cm Ingwerwurzel
1 TL Koriandersamen
2 EL grobes Meersalz
1 EL brauner Zucker
600 g Lachsfilet, Mittelstück mit Haut, ohne Gräten
Für den Salat und die Limettencreme:

2 Bio-Limetten
150 g Crème fraîche
1–2 TL Wasabipulver
Salz, Pfeffer aus der Mühle
150 g junger Spinat
2 TL Walnussöl
Außerdem: Mörser oder Gefrierbeutel, Frischhaltefolie
Zubereitungszeit: ca. 30 Minuten
(+12 Stunden zum Beizen)

Rote Bete unter fließendem Wasser abbürsten und grob raspeln. Ingwer schälen und fein reiben. Koriander zerstoßen. Ingwer, Koriander, Meersalz und braunen Zucker mischen. Lachs waschen, trocken tupfen, die Fleischseite mit der Salzmischung bestreuen. Rote Bete darauf verteilen. Filet straff in Folie wickeln, mit der Hautseite nach unten in eine Auflaufform legen. Mit einem Holzbrett bedecken und mit einem schweren Gegenstand beschweren. 12 Stunden im Kühlschrank beizen. Limetten heiß waschen, trocken tupfen und die Schale fein abreiben. Saft auspressen und mit Crème fraîche, Wasabi und Limettenschale verrühren. Salzen und pfeffern. Spinat putzen, waschen und trocken schleudern. In einer Schüssel mit etwas Salz und dem Walnussöl marinieren.Lachs auswickeln, Beize samt Roter Bete abstreifen, das Filet mit Küchenpapier abtupfen. Filet in dünnen Scheiben von der Haut schneiden und auf Tellern auslegen. Salat darüber verteilen. Mit Pfeffer würzen und mit Limettencreme servieren.

Fotos: Joerg Lehmann

HAUPTSPEISE
Ochsenbacken mit Kakao-sauce und Pastinaken

Zutaten für 4 Personen:
1,5 kg Ochsenbacken, pariert
Salz, Pfeffer aus der Mühle
2 EL Weizenmehl (Type 405)
1 EL Butterschmalz
1 Zwiebel, gewürfelt
1 Bund Suppengemüse, in Stücken
2 EL Tomatenmark
400 ml Rotwein
3 Zweige Thymian
2 Zweige Rosmarin
1 Lorbeerblatt
3 Pimentkörner
Für die Pastinaken:
800 g Pastinaken, in Spalten
1 EL Butter
1 Zimtstange
Salz, Pfeffer aus der Mühle
100 ml Gemüsebrühe
½ Bund Petersilie, gehackt
Für die Sauce:
Salz, Pfeffer aus der Mühle
2 EL Kakaonibs
Zubereitungszeit: ca. 60 Minuten
(+5 Stunden zum Schmoren)

Die Ochsenbacken salzen und pfeffern, mit Mehl bestäuben und im heißen Butterschmalz 10 Minuten goldbraun anbraten. Die Zwiebel und das Suppengemüse zum Fleisch geben und anrösten. Das Tomatenmark hinzufügen und dunkel anrösten. Mit der Hälfte des Rotweins ablöschen, einkochen und erneut anrösten lassen. Inzwischen den Backofen auf 150 °C Ober/Unterhitze (140 °C Umluft) vorheizen. Die Kräuter waschen und trocken schütteln. Den übrigen Rotwein angießen und den Vorgang wiederholen. Mit 700 ml Wasser aufgießen, 1,5 TL Salz, Kräuter und Gewürze zugeben. Alles abgedeckt zum Kochen bringen, anschließend im Backofen 5 Stunden schmoren. Die Butter in einer Pfanne erhitzen und die Pastinaken mit der halbierten Zimtstange darin goldbraun anbraten. Mit Salz und Pfeffer würzen. Die Gemüsebrühe angießen, offen einkochen lassen und die Pastinaken bissfest garen. Die Petersilie über die Pastinaken streuen. Die geschmorten Bäckchen aus der Sauce nehmen und warm stellen. Die Sauce durch ein Sieb passieren und gut durchdrücken. Die Sauce nochmals aufkochen, mit Salz und Pfeffer abschmecken und die Kakaonibs unterrühren. Die Ochsenbacken in Scheiben schneiden, mit der Sauce und den Pastinaken anrichten und servieren.

Johann Lafers Tipp:
»Das Geheimnis einer wirklich guten Sauce bei Schmorfleisch lautet kräftiges Anbraten und Anrösten, langsames Garen und Einkochen. Die Raffinesse entsteht durch die Kakaonibs: Sie geben dem Gericht eine eigene, subtile Tiefe.«

DESSERT

Mandel-Baiser-Törtchen mit Trauben

Zutaten für 4 Personen:
Für das Traubenkompott:
500 g helle Trauben
30 g Zucker
200 ml trockener, fruchtiger
Weißwein
½ Vanilleschote
Für die Törtchen:
etwas Butter für die Formen
4 Eier (Gr. M)
80 g Zucker
1 Bio-Zitrone
200 g gemahlene Mandeln +
gemahlene Mandeln für die Form
1 Prise Salz
1 EL Puderzucker
Außerdem:
4 Tartelette-Formen
(12 cm Durchmesser)
Zubereitungszeit: ca. 25 Minuten
(+20–25 Minuten zum Backen)

Die Trauben waschen, von den Stielen zupfen und halbieren. Den Zucker in einem Topf goldbraun karamellisieren. Mit Weißwein ablöschen und die längs aufgeschnittene Vanilleschote zugeben. Alles bei mittlerer Hitze 5 Minuten kochen lassen. Die Trauben zugeben und kurz darin erhitzen. Zum Abkühlen beiseitestellen. Den Backofen auf 180 °C Ober/Unterhitze (160 °C Umluft) vorheizen. Die Tartelette-Formen mit Butter einfetten und mit gemahlenen Mandeln ausstreuen. Zwei Eier trennen. Die beiden ganzen Eier mit den Eigelben und 50 g Zucker in etwa 2–3 Minuten schaumig aufschlagen. Die Zitrone heiß waschen, trocken tupfen und die Schale fein abreiben. Die Mandeln und die Zitronenschale behutsam unter den Ei-Zucker-Schaum heben. Die Masse in die vorbereiteten Formen verteilen und im vorgeheizten Backofen 10 Minuten vorbacken. Inzwischen die Eiweiße mit dem Salz steif schlagen. Dabei den übrigen Zucker einstreuen. Den Eischnee auf den Törtchen verteilen und diese in 8–10 Minuten goldbraun fertig backen. Mit Puderzucker bestäuben und mit dem Traubenkompott servieren.

Foto: Joerg Lehmann

AUS DER GLASRÖHRE AUF DEN TELLER: ALGEN ALS LEBENSMITTEL

Algen gelten als Lebensmittel der Zukunft und wachsen unter kontrollierten Bedingungen in Algenfarmen.

Ein Blick in die Röhre

Das lebensmittelmagazin.de hat die Algenfarm in Klötze (Sachsen-Anhalt) besucht. Durch ein 500 Kilometer langes Röhrensystem werden hier jeden Tag 600.000 Liter grünes Chlorella-Wasser gepumpt. Die Alge wächst so rasant, dass sie sich in kürzester Zeit potenziert. So kann **alle drei Tage ein Drittel der Biomasse geerntet** werden. Mit 17 Mitarbeitern betreibt Geschäftsführer und Biologe Jörg Ullmann die 1,2 Hektar große Anlage. „Die Alge ist schätzungsweise in 70 Prozent aller verarbeiteten Lebensmittel bereits enthalten, z. B. als Bindemittel Carrageen oder Agar-Agar in Puddings, Eis oder Joghurt, aber auch als Stabilisator in Frischkäse, Margarine oder Zahnpasta.", so Ullmann.

Der natürliche Gehalt an Kaliumchlorid und anderen Spurenelementen macht Algen zur Kochsalzalternative. Besonders **für die vegane Ernährung interessant** ist das Vitamin B12 der Chlorella-Alge. Im Vergleich zur Rinderleber, die 60 Mikrogramm auf 100 Gramm aufweist, kann Chlorella 100 bis 210 Mikrogramm enthalten. **Auch als alternative Proteinquelle** sind Algen zusammen mit Insekten bereits in der Europäischen Strategie zur Förderung von Eiweißalternativen verankert. Chlorella kann sogar im Gebäck Butter und Eier ersetzen. Die grüne Chlorella sowie Spirulinablau bieten zudem eine natürliche Alternative für Farbstoffe in Lebensmitteln.

Die vollständige Reportage finden Sie unter www.lebensmittelmagazin.de.

Advertorial

WIE BEI OMA!

*Großmutter Irmgard von „Kuchentratsch" beweist:
Keiner backt besser als unsere Omas! In ihren Rezepten
steckt nämlich eine Extraportion Liebe.*

Marmorkuchen

Für 1 Gugelhupfform
(24 cm Durchmesser, 16 Stücke):
Für den Teig:
250 g weiche Butter
400 g Zucker
5 Eier (M)
1 Prise Salz
1 TL abgeriebene Schale einer
Bio-Zitrone
500 g Mehl (Type 405 oder 550)
1 Pck. Backpulver
200 ml Milch
20 g ungesüßtes Kakaopulver
2–3 EL Rum oder Milch
Außerdem:
Butter und Semmelbrösel für die
Backform
Puderzucker zum Bestäuben
30 Min. Zubereitung
1 Std. Backen

Die Butter schaumig rühren und nach und nach 375 g Zucker einrieseln lassen. Nacheinander die Eier unterrühren, 1 Prise Salz und Zitronenschale untermischen. Mehl mit Backpulver vermengen und sieben. Mehlmischung und Milch abwechselnd unter die Buttermasse rühren. Der Teig sollte schwer reißend vom Löffel fallen.
Backofen auf 180° C vorheizen. Ein Drittel des Teiges mit dem gesiebten Kakao, dem restlichen Zucker und so viel Rum oder Milch mischen, dass es die gleiche Konsistenz wie die helle Masse hat. Eine Gugelhupfform gut einfetten, mit Semmelbröseln ausstreuen.
Beide Teige abwechselnd in die Form einfüllen. Eine Gabel spiralförmig durch die Teige ziehen, damit ein schönes Marmormuster entsteht. Im Ofen (Mitte) 1 Std. backen (Stäbchenprobe machen). Kuchen aus dem Ofen nehmen, kurz abkühlen lassen und auf einen Gitterrost stürzen. Vollständig auskühlen lassen und mit Puderzucker bestäuben.

Foto: Mathias Neubauer

Original-Rezept von Oma Irmgard

Katharina Mayer gründete mit „Kuchentratsch" (www.kuchentratsch.com) – bekannt aus der VOX-Gründerserie „Die Höhle der Löwen" – eine Backstube, in der 50 Omas und Opas gemeinsam Kuchen backen. Sie verkaufen ihre Kuchen in München oder verschicken sie deutschlandweit per Post, um mit ihren Rezepten Kindheitserinnerungen zu wecken.

GLÜHWEIN MEETS MACARON

Mit zarten Macarons auf dem Plätzchenteller stellen Sie Kokosmakronen, Vanillekipferl und Co. in den Schatten. An die Spritzbeutel, fertig, los!

Glühwein-Macarons mit Alkohol

Für ca. 30 Stück
Für die Macarons:
125 g gemahlene gehäutete Mandeln
210 g Puderzucker
3 Eiweiß (100 g)
30 g Zucker
4–5 Tropfen Lebensmittelfarbe (rot)
Für die Füllcreme:

20 g Speisestärke
500 ml Glühwein
50 g Zucker
150 g weiche Butter
Außerdem:
Spritzbeutel mit kleiner Lochtülle
Zubereitungszeit: 45 Min.
Ruhen: 30 Min.
Backen: 15 Min.

Macarons: Mandeln mit Puderzucker mischen und portionsweise in einem Mixer fein mahlen. Den Mix durch ein feines Sieb schütteln, grobe Reste erneut vermahlen. Eiweiße mit Zucker steif schlagen. Nach und nach einige Tropfen Lebensmittelfarbe hinzufügen und den Eischnee rot einfärben. Mandel-Puderzucker-Mix in vier bis fünf Portionen behutsam unterheben. Masse in einen Spritzbeutel mit Lochtülle füllen und in kleinen Tupfen von ca. 3 cm Durchmesser auf zwei mit Backpapier belegte Backbleche spritzen (Vorsicht: Die Masse läuft auseinander). Alles ca. 30 Min. antrocknen lassen. Backofen auf 150° C Umluft vorheizen. Beide Bleche gleichzeitig in den Backofen schieben und die Macarons etwa 15 Min. backen. Herausnehmen und Macarons auf den Blechen vollständig auskühlen lassen.

Füllung: Stärke mit 2 EL Glühwein anrühren. Restlichen Glühwein mit Zucker mischen, aufkochen und offen auf ca. 200 ml einkochen lassen. Die angerührte Stärke hinzufügen und unter weiterem Rühren so lange kochen, bis alles eine dickflüssige Konsistenz erlangt. Creme in eine Schüssel umfüllen, mit Frischhaltefolie abdecken und vollständig erkalten lassen, dann nach und nach die weiche Butter unterrühren. Glühweincreme mit einem Messer auf die Hälfte der Macarons verteilen. Übrige Macarons daraufsetzen.

Foto: Mathias Neubauer

EIWEISSREICH UND LECKER: DIE QUÄSE SPEZIALITÄTEN

Sauermilchkäse wie Quäse überzeugt mit 30 Prozent Eiweiß und nur etwa 0,5 Prozent Fett. Ideal für Ernährungsbewusste und Fitnessfans.* Ab sofort gibt es Quäse auch zum Streichen: als Brotaufstrich auf Quarkbasis in drei leckeren Sorten.

Der Allrounder im Käseregal

Sauermilchkäse wie Quäse ist mit rund 30 Prozent Eiweiß bei nur etwa 0,5 Prozent Fett ein **echtes Fitness-Food.*** Auch geschmacklich hat er einiges zu bieten. Den runden 220-g-Klassiker erhalten Verbraucher in den Sorten „**Aromatisch**", „**Mild**", „**Würzig**" und „**Grüner Pfeffer**" für ca. 2,49 Euro. Im Quäse Snack in den Sorten Pur und Paprika finden Snack- und Salat-Fans eine passende Variante – ob als eiweißreiche Beilage, zum Dippen oder einfach zwischendurch. 100 g sind für ca. 1,19 Euro erhältlich. Und für alle die sportlich unterwegs sind, hält Quäse Protein eine handliche Portion Eiweiß in den Sorten „**Mild**" und „**Paprika-Chili**" bereit. Die 115-g-Packung gibt es zu einer UVP von 1,39 Euro.

Quäse jetzt auch zum Streichen

Quarkig, mit frischen Zutaten und 17 Prozent Eiweiß – das ist **der neue Quäse Brotaufstrich**. In drei leckeren Sorten **Tomate, Kräuter und Gemüse** ist er ab sofort im Frischkäseregal erhältlich. Der Aufstrich auf Quarkbasis schmeckt nicht nur auf Brot. **Auch als Dip** für knackige Gemüsesticks, **als würziger Begleiter** zu Grillspezialitäten **oder zum Verfeinern** cremiger Pastasaucen macht er eine gute Figur. Dank schonender Verarbeitung bleibt die lockere Quarkstruktur erhalten. Mit leckeren Gemüsestückchen und aromatischen Kräutern schmeckt und sieht der Aufstrich fast aus, wie selbst gemacht.

Echter Quäse-Genuss – wie gewohnt mit viel Eiweiß und wenig Fett.

Jetzt neu: Der Quäse Brotaufstrich in den Sorten Tomate, Kräuter und Gemüse. Die 115-g-Portionspackung kostet ca. 1,69 Euro. Mehr auf www.quäse.de

QUICHE MIT QUÄSE

EINFACH LECKER
Vollkorn-Quiche mit Quäse

Zutaten für 4 Personen:

<u>Für den Teig:</u>
175 g Vollkornweizenmehl
125 g Magerquark
3 EL Sonnenblumenöl
3 EL Milch
Jodsalz
Mehl u. Butter (zum Verarbeiten)
400 g getrocknete Linsen od. Erbsen

<u>Für die Füllung:</u>
220 g Quäse Aromatisch
1 Stange Lauch
1 große Gemüsezwiebel
300 g Chorizo (spanische Wurst)
100 g schwarze Oliven (ohne Stein)
400 ml Schlagsahne
4 Eier

1. Mehl, Quark, Öl, Milch und Jodsalz mit den Knethaken des Handrührgeräts in einer Schüssel und anschließend mit bemehlten Händen zu einem glatten Teig verkneten. In Klarsichtfolie ca. 1 Stunde kaltstellen.
2. Backofen auf 180 °C (Umluft) vorheizen
3. Für das Blindbacken eine Springform mit Butter einfetten, Teig ausrollen und vorsichtig in die Form drücken. Teigboden mit einer Gabel mehrmals einstechen – danach mit etwas Backpapier auslegen und mit den getrockneten Linsen oder Erbsen etwa 10 Minuten vorbacken. Die Form aus dem Ofen nehmen und die Linsen/Erbsen vorsichtig vom Backpapier entfernen. Den Boden weitere 5 Minuten backen.
4. Den Lauch putzen, waschen, halbieren und in feine Scheiben schneiden, die Oliven in kleine Stückchen hacken und den Quäse in dünne Scheiben schneiden. Gemüsezwiebel schälen, halbieren und in feine Scheiben schneiden, die Chorizo kleinwürfeln und zusammen anbraten, bis die Zwiebeln glasig-goldbraun sind.
5. Schlagsahne, Eier, Paprikapulver, Salz u. Pfeffer in einer Schüssel gut vermischen.
6. Die Lauch-Scheiben, die gehackten Oliven, die angebratenen Chorizowürfel und die Zwiebeln auf dem Quiche-Boden verteilen. Die Schlagsahne-Eier-Mischung vorsichtig darüber gießen und als letztes die Quäse-Scheiben darauf verteilen. Alles im vorgeheizten Backofen für ca. 30 Minuten backen.

Käserei Loose GmbH & Co. KG
An den Breiten
01454 Leppersdorf

Weitere Informationen u. Rezeptideen unter www.quäse.de

Schon gewusst? Die Vollkorn-Quiche ist sowohl warm als auch kalt ein voller Genuss und eignet sich wunderbar, wenn man gleich mehrere Gäste zum Essen erwartet. <u>Unser Tipp</u>: Die Quiche mit einem frischen, milden Blattsalat servieren, der sehr gut zum würzigen Gericht passt und zeitgleich den Gemüseanteil steigert.

* Quäse enthält ~30 % Eiweiß und ~0,5 % Fett. Proteine tragen zu einer Zunahme an Muskelmasse bei. Neben einer ausgewogenen Ernährung ist ausreichend Bewegung wichtig für das körperliche Wohlbefinden.

AB IN DIE WANNE!

*Für unsere Haut ist der Winter eine wahre Zerreißprobe.
Doch mit einer Pflege aus selbst gemachter Natur-
kosmetik werden die Folgen von Frost und trockener
Heizungsluft entspannt in der Wanne ausgebadet.*

Detox Bath Salts

Zutaten für ca. 2–3 Anwendungen:
200 g Bittersalz (Epsom Salt)
200 g Himalayasalz oder einfaches
Meersalz
20 Tropfen Orange Süß
10 Tropfen Lavendel

Die beiden Salze in einer Schüssel
verrühren. Anschließend die ätheri-
schen Öle auf einen Löffel geben
und in die Salzmischung einträufeln.
Lassen Sie die Mischung etwa
12 Stunden trocknen. Dann nochmals umrühren und in eine Flasche
mit weitem Hals oder ein Weckglas
umfüllen.
Anwendung & Haltbarkeit: 1 Tasse
(circa 200 ml) Detox Bath Salts ins
warme Badewasser geben und auflösen lassen. Das Badesalz ist etwa
ein Jahr lang haltbar.

Doppelte Pflege

Tragen Sie während dem Bad auch eine
Gesichtsmaske auf. Der warme Wasser-
dampf öffnet die Poren und macht die
Maske jetzt besonders wirksam. Sie können das Badesalz übrigens auch mit Öl mischen und als Scrub verwenden, so haben
Sie gleich zwei Produkte auf einmal hergestellt! Nehmen Sie dafür einfach eine
Handvoll Detox Bath Salts und geben Sie
circa 4–5 Esslöffel Sonnenblumen- oder
Kokosöl hinzu. Reiben Sie sich mit der Mischung ab, doch sparen Sie dabei das De-
kolleté, den Hals und das Gesicht aus.

Foto: Jochen Arndt

14

PERFEKTES ZUSAMMENSPIEL: BICOMPLEXE

Der JSO Bicomplex 18* verbindet die Kraft von 5 Schüßler-Salzen, die wegen ihrer aufbauenden Eigenschaften geschätzt werden und am Kräftehaushalt beteiligt sind.

Natürliche Substanzen

Die rasante Veränderung von Lebensbedingungen und Ernährungsgewohnheiten bringt den Mineralhaushalt des menschlichen Organismus immer häufiger aus dem Gleichgewicht. Seit über 100 Jahren werden sogenannte Komplexheilmittel aus natürlichen Substanzen hergestellt und dem Körper als Ausgleich zugeführt.

Gut kombiniert

Dr. Konrad Grams (1878–1947) entwickelte als erster verschiedenste Kombinationen von Schüßler-Salzen zu Bicomplexen, welche unmittelbar in Beziehung zu erkrankten Körperteilen oder Geweben stehen. Denn das Konzept der Komplex-Biochemie beruht auf der Idee, alle Stoffwechselvorgänge im Körper zu harmonisieren, indem die beteiligten Organe einer Körperregion oder -funktion berücksichtigt werden. Dr. Grams sah dies in der Vereinigung mehrerer Mineralsalze zu einem Mittel. Insgesamt hat das Unternehmen ISO-Arzneimittel 30 Schüßler-Kombipräparate im Programm.

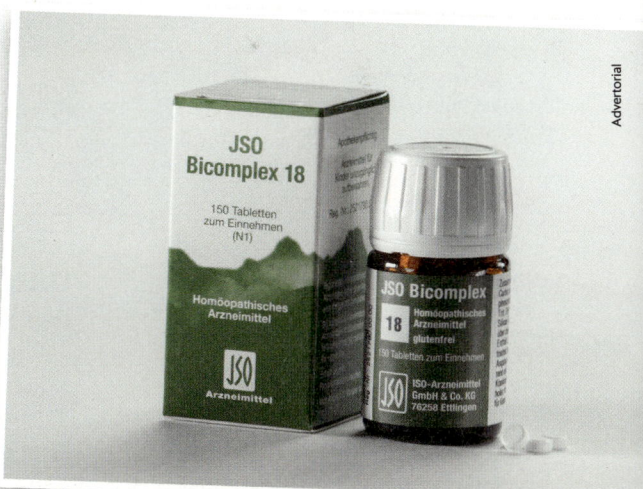

Advertorial

Verletzt, was tun?

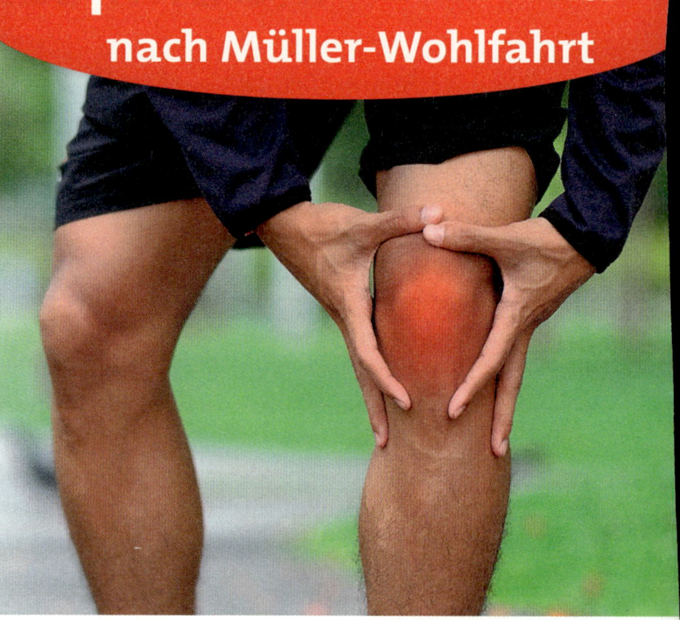

Balkonkästen sind Klassiker unter den hängenden Beeten. Dieser ähnelt in Form und Optik einem Stück Regenrinne und ist mit Kräutern bepflanzt.

ERNTEGLÜCKSPFLANZEN

Balkonkästen gelten schon als Minibeete. Je mehr Volumen sie haben, desto besser! **Gut geeignet** sind fast alle kleinen bis mittelgroßen Arten, wie beispielsweise:

- Schnittsalate, Rauke, Asia-Salate, Feldsalat und Winterpostelein
- mediterrane Kräuter wie Rosmarin, Lavendel, Salbei, Oregano, Thymian, Ysop, Berg-Bohnenkraut, Majoran, Zitronenmelisse und Basilikum
- Küchenkräuter wie Schnittlauch, Petersilie, Dill, Kerbel und Kresse
- kleinere Gemüse wie Radieschen, Lauchzwiebeln, Möhren, Rettiche, Spinat
- (Wald-)Erdbeeren, Ringelblumen

Weniger gut geeignet sind große, wuchernde Arten, so z. B.:

- Kopfkohlarten und Sellerie
- Zucchini, Gurken, Kürbisse und Tomaten, mit Ausnahme von Buschtomaten

Auf den Punkt gebracht

In den länglichen Kästen und Rinnen werden die Pflanzen in Reihen kultiviert, unabhängig davon, ob man sie dort einpflanzt oder aussät. Bei einer Gefäßhöhe von mindestens 20 cm gedeihen dort sogar Möhren. Platzsparender ist es, wenn Pflanzen versetzt gesetzt werden, beispielsweise im Dreiecksverbund, was sich bei Kräutern anbietet. Ein häufiges Problem hängender Beete besteht jedoch darin, dass sie sich schwer lotrecht ausrichten lassen. Viele Balkonkästen sind leicht nach außen geneigt, sodass Gießwasser nur allzu leicht in die Tiefe schwappt. Es besteht dann die Gefahr, dass die Pflanzenwurzeln nicht genug Wasser erhalten und der Kasten nur halb durchfeuchtet wird.

Die wichtigsten Tipps

- Schräg hängende Töpfe sollte man zum Gießen abnehmen, auf den Boden stellen, gut wässern und erst dann wieder aufhängen, wenn unten kein Wasser mehr herausläuft.
- Bei durchsichtigen Materialien muss man damit rechnen, dass sich an der Innenseite rasch Algen bilden. Wer sich daran stört, sollte farbiges Material verwenden oder die Gefäße anstreichen.

Ein hübsches Arrangement mit Gefäßen verschiedener Größe und Form. Die Topfgrößen sollten dabei mit den Pflanzenansprüchen korrespondieren.

ONE POT

In den Renaissancegärten standen Kübel und Töpfe hoch im Kurs. Das hatte vor allem mit den Zitrusgewächsen zu tun. Deren Zahl und Größe wurde zum Statussymbol für ihre wohlhabenden Besitzer, die in den Provinzen Norditaliens prachtvolle Landgüter unterhielten. Leider gehörte zu den dortigen Wintern Schnee und Frost. Für die Exoten wurden daher Orangerien gebaut und sie selbst in große Gefäße aus Terrakotta gesteckt. So waren sie beweglich, konnten den Sommer unter blauem Himmel und winters in geheizten Räumen verbringen. Das ursprüngliche Prinzip der Topfkultur ist damit gut illustriert: eine Pflanze pro Gefäß, und zusammen sind sie somit mobil. Diese Verbindung ist jedoch nie auf Dauer. Wächst die Pflanze, braucht sie beizeiten einen größeren Topf.

Was es so alles gibt

Balkongärtner haben neue Spielarten des One-Pot-Prinzips entwickelt. Zwar nutzen sie Töpfe nach wie vor für einzelne Gewächse, wie z. B. Tomaten, doch lassen sich in einem größeren Gefäß durchaus auch mehrere Pflänzchen, etwa von Salat, Radieschen und Möhren, unterbringen. Die kreisrunde Topfform ist dafür allerdings eher unpraktisch. Daher haben sich inzwischen auch andere große Gefäße bewährt, wie Zinkwannen, Holzkisten und Körbe. Je nach Größe kann damit ein Selbstversorgergarten entstehen, der kaum Wünsche offen lässt.

Die Holzkiste wurde zum Kräuterbeet umfunktioniert; eine Folie verhindert, dass Erde herausrieselt.

Reichlich Erdvolumen: In Regentonnen und ähnlich großen und tiefen Gefäßen gedeihen auch Tomaten und andere Pflanzen mit viel Platzbedarf.

Auf den Punkt gebracht

Vorausgeschickt sei, dass alle Gefäße, die man verwenden möchte, am Boden Löcher haben müssen, damit überschüssiges Wasser abfließen kann. Sind keine vorhanden, wie etwa bei Zinkwannen, müssen diese nachträglich geschaffen beziehungsweise gebohrt werden. Andernfalls wird aus dem Minibeet schnell ein Miniteich.

Soll ein Topf nur für eine Tomatenpflanze genutzt werden, sollte dieser vorzugsweise ein Volumen von 20 l oder mehr haben. In größeren Gefäßen können Gemüsearten dann auch gut in Reihen gesät und ausgepflanzt werden. Die Möglichkeiten sind vielfältig, und Einschränkungen ergeben sich nur, wenn die Gefäße nicht mehr als 20 cm tief sind. Dann fehlt höheren Gewächsen, wie Tomaten, Zucchini, Bohnen und Mais, die rechte Standfestigkeit, und es besteht die Gefahr, dass sie durch starke Windböen entwurzeln.

Die wichtigsten Tipps

- Gefäße, die nicht rundum geschlossen sind, wie beispielsweise ausgediente Wein- und Obstkisten, werden mit Vlies oder Pappe abgedichtet. Dann kann die Erde nicht mehr herausrieseln.

Neben Bäckerkisten leisten ausgediente Reissäcke gute Dienste. Sie bieten Einzelpflanzen mit hohen Nährstoffansprüchen einen passenden Standort.

SÄCKE, TASCHEN & BEUTEL

Robert Shaw, Mitbegründer des Prinzessinnengartens (www.prinzessinnengarten.net), sammelte Ideen des urbanen Gärtnerns in den Armenvierteln Südamerikas und verpflanzte einige davon auf die ehemalige Brache am Moritzplatz in Berlin-Kreuzberg. Eine seiner wesentlichen Erkenntnisse war: So gut wie jedes Behältnis lässt sich mit essbarem Grün bepflanzen. Vorteilhaft ist, wenn zuvor auch schon Lebensmittel darin verpackt waren. Dann muss man in der Regel keine Angst mehr vor giftigen Inhaltsstoffen haben.

Was es so alles gibt

Neben Bäckerkisten (> Seite 66, 126) leisten im Prinzessinnengarten ausgediente Reissäcke gute Dienste. Sie bieten Einzelpflanzen mit hohen Nährstoffansprüchen einen passenden Standort. Dazu zählen beispielsweise diverse Kohlarten und Tomaten. Zudem werden darin Kartoffeln kultiviert. Neben »zweckentfremdeten« Säcken, Taschen und Beuteln findet man inzwischen im Handel speziell für diese Art der Nutzung produzierte weiche Behälter, wie etwa die Beet-Taschen der französischen Firma Bacsac oder Pflanz-Taschen namens Vigoroot der britischen Firma Haxnicks, die aus einer filzartigen Kunstfaser bestehen. Darüber hinaus gibt es spezielle Pflanzsäcke für Tomaten und Kartoffeln, die aus Recyclingfasern hergestellt sind.

EXPERTEN-CHECK

- **Wasserversorgung:** Je größer und höher die Gefäße, desto besser, da das Substrat dann nicht so schnell austrocknet.
- **Erdvolumen:** Ab 20 l ist ein kritisches Maß überschritten, und die Kultivierung kann problemlos erfolgen.
- **Pflanzenwohl:** Gut bis sehr gut.
- **Wind- und Wetterfestigkeit:** Je nach Höhe und Standfestigkeit des Gefäßes mittelgut bis sehr gut.
- **Pflegeaufwand:** Nicht übermäßig hoch, es muss jedoch regelmäßig gegossen und zuweilen nachgedüngt werden.

Kartoffeln lassen sich gut in Säcken anbauen. Werden die Pflanzen größer, füllt man mehr Erde ein.

Die aus England kommenden Vigoroot-Planter bestehen aus einer filzartigen Kunstfaser. Für fast jede Pflanze gibt es eine passende Größe.

Auf den Punkt gebracht

Großer Vorteil der weichen Behälter: Sie sind leicht, lassen sich nach Gebrauch zusammenlegen und gut verstauen und bieten den Pflanzen in den meisten Fällen viel Volumen. Während andere große Gefäße häufig noch präpariert werden müssen – für Wasserabzugslöcher sorgen, die Seitenwände mit Teichfolie ausschlagen – sind speziell zur Bepflanzung hergestellte Taschen und Säcke mit allem Nötigen versehen. Sie müssen nur noch auseinandergefaltet und mit Erde befüllt werden. Dann kann man so ziemlich jedes Gemüse und Kraut dort aussäen oder einpflanzen.

Die wichtigsten Tipps

- Beim Befüllen mit Erde ist darauf zu achten, dass diese gut verdichtet wird. Am besten nehmen Sie Ihre Fäuste und Handballen zu Hilfe, um die Erde fest in das Gefäß hineinzupressen. Nur dann können sich die Wurzeln später fest verankern.
- Achten Sie jedoch auch hier darauf, dass die Behältnisse nicht bis zum Rand gefüllt werden. Es sollten einige Zentimeter Luft bleiben, damit sich das Gießwasser gut verteilen und nach und nach in den Erdboden eindringen kann.

ERNTEGLÜCKSPFLANZEN

Gut geeignet sind fast alle kleinen bis mittelgroßen Arten, wie beispielsweise:
- alle Salatarten
- alle mediterranen Kräuter
- alle Küchenkräuter
- alle Arten von Beerenobst

Für **größere und tiefere Gefäße**:
- Buschbohnen und Erbsen
- Rote Bete und Mangold
- Möhren, Pastinaken, Petersilienwurzeln
- Tomaten, Paprika, Zucchini und Gurken
- Kartoffeln

Weniger gut geeignet sind
- Gemüsearten mit langer Kulturdauer
- Gemüsearten mit Platzbedarf: Aufgrund des begrenzten Platzangebotes sollte man genau planen und sich fragen, ob zum Beispiel für den Anbau von Kopfkohlarten und Sellerie Säcke der richtige Ort sind.

Konservendosen sind beliebte Alternativen zu herkömmlichen Töpfen. Sie lassen sich hübsch bemalen und mit diversen Pflanzen bestücken.

MINIGEFÄSSE

Viele US-amerikanische Kommunen stellen den Bürgern Land zur Verfügung, das diese zum Anbau von Obst und Gemüse nutzen dürfen. Diese sogenannten Community Gardens verwandeln städtische Brachflächen in ein Eldorado für Selbstversorger, mittlerweile auch vielerorts in Deutschland. Die Mittel sind meist begrenzt, dafür sind der Fantasie keine Grenzen gesetzt.

Was es so alles gibt

Es gilt die Devise: »Wir nutzen, was sich nur irgendwie noch wiederverwenden lässt.« So werden Eierpackungen, Tetra Paks, Joghurtbecher, Dosen und Plastikflaschen zu Anzuchttöpfen und Pflanzgefäßen umfunktioniert. Dadurch entstehen illustre Szenen, wenn etwa Salate aus ehemaligen Milchpackungen sprießen oder Rosmarin aus bemalten Konservendosen. Mit einer Art Holzstempel (Paper-Potter) lassen sich kleine Töpfe aus Zeitungspapier fertigen. Kräuter werden auch gerne in ausrangierte Haushaltsgläser gepflanzt, mit hübschen Etiketten versehen und in Holzregalen drapiert. Das Bemühen um Nachhaltigkeit und Kreativität gehen hier häufig Hand in Hand.

Auf den Punkt gebracht

Ohne Frage ist das Spektrum an Pflanzgefäßen durch Erfindungsreichtum erweiterbar. Es spricht auch nichts dagegen, dafür Behälter, die zuvor zur

Die inszenierte Pflanzensammlung im Korb verlangt nach kleinen aparten Tontöpfen.

Die halbierten Tetra Paks beherbergen eine bunte Sammlung mit Schnittlauch und zweierlei Spinat. Vor dem Bepflanzen Löcher in den Boden stanzen!

ERNTEGLÜCKSPFLANZEN

Gut geeignet sind Pflanzen, die mit weniger Wasser auskommen oder relativ schnell geerntet werden, wie beispielsweise:

o Schnittsalat, Rauke, Asia-Salate
o mediterrane Kräuter wie Rosmarin, Lavendel, Oregano, Thymian, Ysop, Berg-Bohnenkraut, Majoran und Basilikum
o Küchenkräuter wie Schnittlauch, Petersilie, Dill und Kresse
o Gemüse wie Radieschen, Lauchzwiebeln
o Wald-Erdbeeren

Weniger gut geeignet sind alle Arten mit längerer Kulturdauer, so z. B.:

o Kopfsalate
o sämtliche Kohlarten
o Buschbohnen und Erbsen
o Rote Bete und Mangold
o Möhren, Pastinaken, Petersilienwurzeln
o Tomaten und Paprika
o Zucchini und Gurken

Verpackung und Aufbewahrung von Lebensmitteln dienten, zweckzuentfremden. Allerdings kommen nur wenige Pflanzen dauerhaft mit derart beengten Verhältnissen zurecht. Mini-Pots eignen sich daher besonders zur Anzucht von Jungpflanzen.

Die wichtigsten Tipps

o Die Größe des Gefäßes muss zu der Pflanze passen. Einen Kohlrabi in eine Milchtüte zu pflanzen, ist grenzwertig, da er zur Ausbildung der Knolle viel Wasser und Nährstoffe braucht.
o Bei Gefäßen, die Regengüssen ausgesetzt sind, sollte überschüssiges Wasser abfließen können. Sie brauchen also, wenn möglich, Entwässerungslöcher am Boden. Andernfalls muss mit viel Fingerspitzengefühl gegossen werden.
o Gleiches gilt bei Kräutern in Gläsern. Eine Phalanx davon, etwa verschiedene Arten in einheitlichen Gläsern nebeneinander aufgereiht, sieht schön aus. Doch bedenken Sie, dass mediterrane Kräuter viel Licht brauchen. Das ist in Regalen selten der Fall, es sei denn, sie sind aus Glas.
o Weiterhin müssen die Behälter samt Bepflanzung standfest sein oder zumindest so dicht zusammengestellt werden, dass sie nicht umfallen.

Terrabioponik-Anlage aus vier Pflanzkästen mit großen Seitenöffnungen, Wurmkiste mit kleinen seitlichen Löchern, Wassertank seitlich geschlossen.

EXPERTEN-CHECK

○ **Wasserversorgung:** Bei beiden Systemen einfach, da voll automatisiert.
○ **Erdvolumen:** Abhängig vom jeweiligen System, Aquaponik ist erdlos.
○ **Pflanzenwohl:** Sehr gut, sofern das System störungsfrei läuft und die Kreislaufwirtschaft geschlossen ist.
○ **Wind- und Wetterfestigkeit:** Bei der Terrabioponik gut, da die Gefäße stabil und schwer sind; bei der Aquaponik abhängig vom jeweiligen Aufbau.
○ **Pflegeaufwand:** Hoch, bis das System optimal installiert ist, danach gering.

AQUA- & TERRABIOPONIK

Sowohl die Aquaponik als auch die Terrabioponik sind Anzuchtsysteme, in denen die für die Kräuter- und Gemüseproduktion erforderlichen Nährstoffe mithilfe von Tieren erzeugt werden. Beide Systeme sind zudem sehr wassersparend.

Aquaponik

Die Aquaponik ist eine Kombination aus Aquakultur, einer Form der Fischzucht, und Hydroponik, der erdelosen Pflanzenanzucht in nährstoffangereicherten Wasserbeeten. In einem aquaponischen System stammt das Wasser in den Beeten aus dem Aquarium. Mit den Pflanzen sind in den Wasserbeeten auch Bakterien angesiedelt, welche die Ausscheidungen der Fische zersetzen und dabei die von den Pflanzen benötigten Nährstoffe freisetzen. Gleichzeitig wird das Wasser gereinigt, sodass es wieder ins Aquarium zurückfließen kann. Ein geniales System, einziger »Nachteil«: Sie müssen, neben den Pflanzen, auch Fische halten.

Terrabioponik

In der Terrabioponik wachsen die Pflanzen in Wannen, die mit Erde gefüllt sind. Das Aquarium ist durch einen Wurmkompost ersetzt. Statt der Fische werden Kompostwürmer gefüttert, und zwar mit Bioabfällen aus der Küche. Die nährstoffreichen Ausscheidungen der Würmer fließen in einen Wassertank. Das angereicherte Wasser wird

In der Aquaponik stehen Aquarien und Wasserbecken für Pflanzen miteinander in Verbindung.

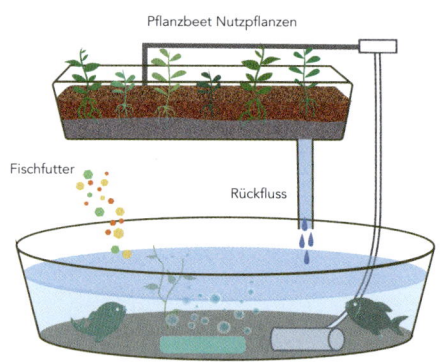

Pflanzbeet Nutzpflanzen

Fischfutter

Rückfluss

Sprudelstein   Wasserpumpe

In Wurmkisten wimmelt es nur so vor Würmern. Die Kompostwürmer (Eisenia foetida) kann man im Internet oder beim Anglerbedarf kaufen.

in bepflanzte Wannen gepumpt. Überschüssiges Wasser wird in einer Kiesschicht unten in der Pflanzwanne gefiltert und rieselt durch die Wurmkiste zurück in den Wassertank. Bewässerung und Düngung sind somit automatisiert.

Für Balkon und Terrasse ist ein terrabioponisches System im Handel erhältlich, dessen Elemente übereinander angeordnet sind, sodass sich auch kleine Flächen optimal ausnutzen lassen. Im Winter, wenn Pflanzen wie Würmer eine Ruhezeit einlegen, werden die Wurmkisten abgebaut und in einem kühlen, aber frostfreien Raum überwintert.

Für wen sind die Systeme geeignet?

Aqua- und terrabioponische Pflanzanlagen sind nachhaltige Systeme, die experimentierfreudigen Gärtnern und Gärtnerinnen ein großes Forschungsfeld bieten. Entscheiden Sie sich für Aquaponik, benötigen Sie neben Pflanzenkenntnissen auch Wissen über die Fischzucht. Terrabioponik ist leichter umzusetzen, da die Würmer im Vergleich zu den Fischen extrem anspruchslos sind. Für Anfänger ist es ratsam, mit einfacheren Systemen zu beginnen, um sich erst einmal Wissen über Gemüse- und Kräuteranbau aufzubauen.

ERNTEGLÜCKSPFLANZEN

Die Bepflanzung von Aquaponik- und Terrabioponiksystemen ist abhängig von der Größe der Pflanzgefäße. Da es sich in der Regel um Pflanzkästen handelt, sind die Empfehlungen für das Prinzip Pflanzkästen (> Seite 63) auch hier gültig.

Gut geeignet sind:
- schnell wachsende Salate
- Buschbohnen
- Fenchel
- Rote Bete
- Möhren (tiefe Gefäße)
- Spinat, Mangold
- Tomaten und Paprika (Gefäße ab 20 l)

Weniger gut geeigenet sind:
- Kopfkohl
- Kürbis
- Sellerie
- Zucchini

PRAXIS
für bodenlose Gärtner

Genug der Theorie. Ab jetzt heißt es: »An die Schaufel, fertig, los!« Ob Kräuter, Gemüse oder Naschobst, lassen Sie sich überraschen, wie vielseitig der Anbau in Gefäßen gestaltet werden kann. Neben verschiedenen Anbauvarianten zeigen wir Ihnen aber auch, wie Sie das Potenzial größerer Pflanzsysteme dank Folgekultur optimal ausschöpfen. Natürlich können auch verschiedene Beetformen kombiniert und die Anbaupläne unter Berücksichtigung der Regeln für die Mischkultur abgewandelt werden – Ihrer Experimentierfreude sind keine Grenzen gesetzt!

BALKON
Gärten in luftiger Höhe

*Imagewandel: Wer sagt, dass Balkone nur als Standort für Wäsche-
ständer und Getränkekisten taugen? Selbst auf dem kleinsten
Stadtbalkon ist Platz für duftende Kräuter, knackige Salate, junges
Gemüse und leckeres Naschobst – dann eben auf mehreren Etagen!*

STANDORTFAKTOREN

Machen Sie sich klar, wie viel Licht auf Ihren Balkon
trifft. Das hängt vor allem von der Himmelsrichtung
ab, also ob der Balkon nach Osten, Westen, Süden
oder Norden zeigt. Dann zählen das Stockwerk, in
dem Sie wohnen, und die Einflüsse, die aus dem
Umfeld einwirken, wie etwa hohe Gebäude oder
große Bäume. Viel Schatten ist ungünstig für den
Anbau von Kräutern und Gemüse. Wohnen Sie
etwa im ersten Stock mit einem Balkon, der nach
Norden zeigt und obendrein von einem hohen
Gebäude oder einem großen Baum abgeschattet
wird, dann haben Sie als Gemüsegärtner nicht
gerade das große Los gezogen. Doch selbst unter
solchen widrigen Verhältnissen gedeihen spezielle
Pflanzen, mit denen Sie Ihre Salate verfeinern und
Speisen bereichern können (> Seite 11).

Lichtgestalten & Schattenwandler

Optimal wären jedoch mindestens fünf Stun-
den Sonne. Meist können das schon Balkone in
Ost- oder Westlagen bieten. Besonders sonnen-
hungrig sind mediterrane Kräuter wie Rosmarin,
Salbei und Thymian. Auch Tomaten, Paprika und
Zucchini brauchen Sonne und Wärme, um auszu-
reifen und ein gutes Aroma zu entwickeln. Andere
Arten, insbesondere Blattgemüse, kommen auch
mit weniger Licht zurecht. Im Zweifelsfall gilt das
Motto: »Probieren geht über Studieren.« Versuchen
Sie Ihr Glück mit Gewächsen, die Sie besonders
mögen. Bedenken Sie, dass die Lichtverhältnisse
unmittelbar hinter dem Geländer meist schlechter
sind als davor oder obenauf. Nicht zu unterschätzen ist die UV-Strahlung, die auch ohne direkte
Sonneneinstrahlung von einem wolkenlosen Himmel ausgeht. Sie wirkt sich stark auf das Wachstum
der Pflanzen aus. Der Schattenwurf eines überste-
henden Daches oder einer Baumkrone ist daher
von größerem Nachteil als der eines gegenüberliegenden Hauses. Darum einfach ausprobieren und
sehen, was funktioniert und was nicht.

Sanfte Brise

Wie jedes Stück Natur, so hat auch der Balkon
ein spezielles Mikroklima. Pfeift der Wind heftig
um die Ecke, ist ein Schutz nötig (> Seite 30), da
empfindliche Gemüsearten sonst zu sehr zerzaust
würden. Andererseits ist ein leichter Luftzug durchaus erwünscht. Denn stauende Hitze bedeutet für
die meisten Pflanzen Stress, der sie schwächt. Dies
kann Krankheiten wie Mehltau und Schädlinge
wie Spinnmilben zur Folge haben. Idealerweise
sollten daher zum Bespannen der Brüstung leicht
luftdurchlässige Materialien gewählt werden, damit
eine sanfte Brise gewahrt bleibt. Dahinter fühlen
sich die meisten Pflanzen sichtlich wohler. Zugleich
stellt sich aber auch die Frage, wie viel Licht der
Windschatten abhält. Klingt kompliziert? Nur nicht

verzweifeln, für jede Balkonecke gibt es die richtige Pflanze. Salate vertragen zum Beispiel leichten Schatten. Kohlgewächsen kann der Wind hingegen wenig anhaben. Und strahlt die Hauswand viel Wärme ab, sollten vor allem mediterrane Kräuter und Tomaten in diesen Genuss kommen.

Boden gut machen

Etageren sind hilfreich, um den Raum noch besser zu nutzen. Auf ihnen werden die Pflanzen in unterschiedlichen Ebenen angeordnet. Eine Höhenstaffelung findet auch am Balkongeländer statt. Pflanzen, die oben stehen, erhalten in der Regel mehr Licht und weniger Feuchtigkeit, außerdem sind sie den Luftströmen stärker ausgesetzt. In Pflanztaschen, die an die Wand gehängt werden, sind die Bedingungen aufgrund aufgeheizter Wände und hoher Sonneneinstrahlung extrem. Diese Bedingungen vertragen am besten mediterrane Kräuter. Doch auch sie sind dankbar für regelmäßige Wassergaben und ab und an ein paar Nährstoffe. Andernfalls ist es mit dem Ernten frischer, aromatischer Blätter schnell vorbei.

Auf sonnenwarmen Balkonen reifen Tomaten prima heran. Pflanzen Sie in benachbarte Töpfe Basilikum und Oregano – perfekte Kräuter für Tomatensalate!

PROJEKT 1: WANDTASCHEN

Prinzipiell kann man Pflanztaschen einfach an das Balkongitter hängen. In unserem Beispiel sollen sie jedoch an der Wand angebracht werden. So bekommen die Pflanzen mehr Licht und Wärme. Mit der Oberkante auf 1,40 m Höhe sind die Taschen zum Gießen und Ernten gut zu erreichen, andererseits passt auch noch ein Stuhl darunter. Zunächst werden zwei 3 cm starke Bretter mit 70 cm Breite und 50 cm Höhe an die Wand montiert. Sie sollen die Feuchtigkeit vom Mauerwerk fernhalten. Dann werden an jedem Brett zwei

Taschen fest verschraubt, sodass sie bei Unwetter nicht abreißen. Lassen Sie zwischen beiden Taschen einen möglichst breiten Spalt, damit den Pflanzen genügend Raum zur Entfaltung bleibt. Ab März können Sie die Taschen dann mit Erde befüllen und bepflanzen. Im Frühjahr verwenden Sie am besten vorgezogene Jungpflanzen aus der Gärtnerei. Denn Saatgut wird beim Gießen nur zu leicht aus den Taschen gespült. Für die Herbstbepflanzung lässt sich aufgrund des fehlenden Angebots eine Aussaat meist nicht vermeiden. Dann zum Wässern eine ganz feine Brause benutzen.

Das brauchen Sie:

2 Bretter
(à 70 cm Länge x 50 cm Breite x 3 cm Stärke)
12 Wandschrauben (ca. 6 x 80 mm)
12 Dübel (10 mm Durchmesser)
24 Holzschrauben (ca. 3,5 x 20 mm)
4 Verti-Plant Pflanztaschen (Burgon & Ball)
ca. 25 l torffreie Blumenerde
Jungpflanzen und Saatgut (z. B. entsprechend den Anbauplänen > Seite 88–89)
Flüssigdünger (z. B. BioTrissol Kräuterdünger)
Gießkanne mit feiner Brause

Füllen Sie die einzelnen Taschen nur zur Hälfte mit Blumenerde. Pressen Sie diese fest hinein. Denn die Erde soll den Pflanzenwurzeln einen festen Halt geben und während der Anbausaison nicht absacken. ↓

(2)

(1)

← *Hier wurden die Pflanztaschen an die Balkonbrüstung gehängt. Auf einem kleinen Balkon wird so jede freie Fläche genutzt. Die Jungpflanzen, in diesem Fall diverse Salate, stehen schon bereit.*

3

← *Setzen Sie die Jungpflanze ein. Ihr Ballen soll nicht über den Rand der Tasche hinausschauen. Füllen Sie weiter Erde nach und drücken Sie mit dieser den Ballen fest in die Pflanztasche.*

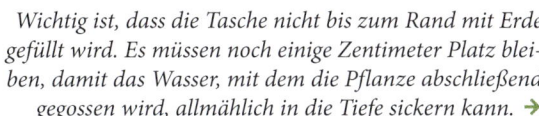

Wichtig ist, dass die Tasche nicht bis zum Rand mit Erde gefüllt wird. Es müssen noch einige Zentimeter Platz bleiben, damit das Wasser, mit dem die Pflanze abschließend gegossen wird, allmählich in die Tiefe sickern kann. →

4

5

← *Diese Pflanztasche wurde mit diversen Kräutern bestückt. Sie hängt an der Wand. Die Pflanzen sind somit gut zu erreichen. Im Handumdrehen kann frisches Grün zum Würzen von Speisen geschnitten werden.*

PROJEKT 1: ANBAUPLÄNE

Zwei Taschen sind mit ausgewählten Kräutern bestückt, die teils über den Rand der Tasche hängen oder besonders kompakt wachsen. Ernten Sie ruhig häufiger davon (evtl. Überschuss kann man trocknen!), dann wachsen die Kräuter üppig nach. Meist bedarf es hierzu zusätzlicher Düngergaben.

Das Gleiche gilt für die Salate. Um den Bedarf an frischem Salat decken zu können, sind hierfür zwei Taschen vorgesehen. Der erste Satz sprießt im Frühjahr, der zweite ab Sommer bis in den Herbst hinein. Salate dürfen jedoch nicht tiefer als 3 cm über dem Boden geschnitten werden, sonst treiben sie keine frischen Blätter mehr nach.

1. Tasche: Kräuter und Erdbeeren

2. Tasche: Küchenkräuter

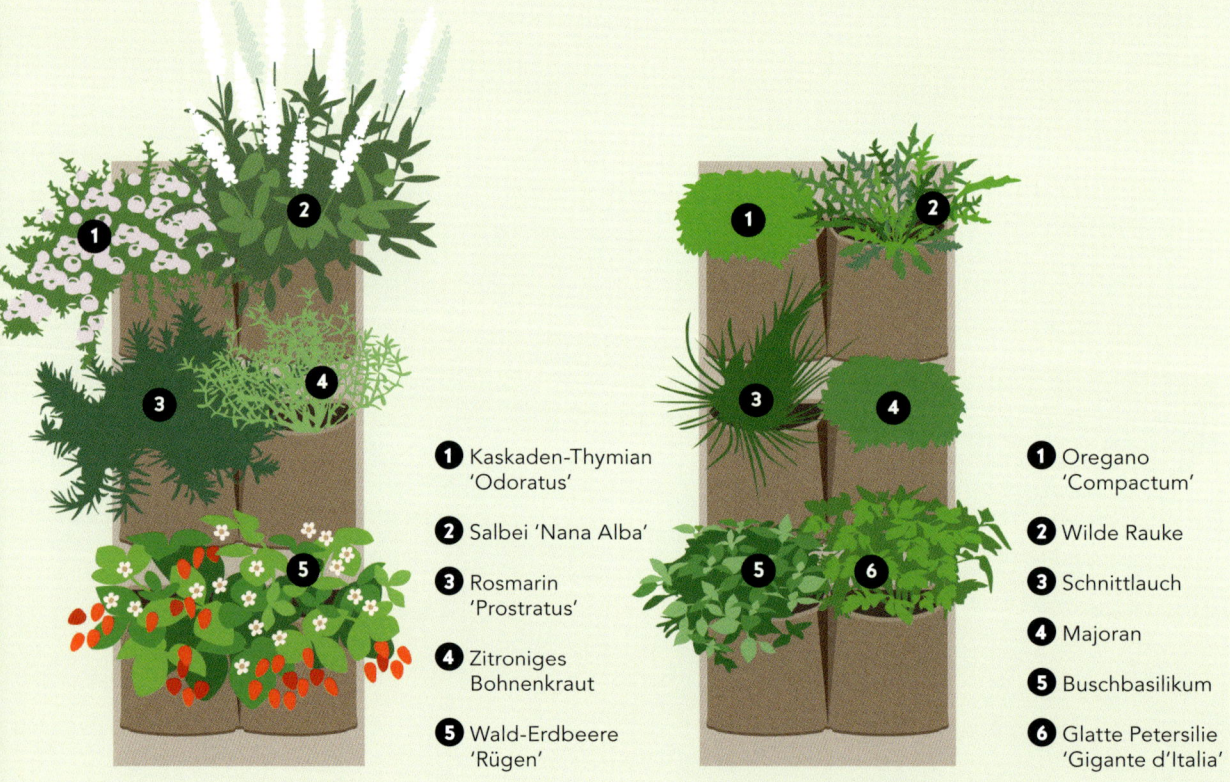

1 Kaskaden-Thymian 'Odoratus'

2 Salbei 'Nana Alba'

3 Rosmarin 'Prostratus'

4 Zitroniges Bohnenkraut

5 Wald-Erdbeere 'Rügen'

1 Oregano 'Compactum'

2 Wilde Rauke

3 Schnittlauch

4 Majoran

5 Buschbasilikum

6 Glatte Petersilie 'Gigante d'Italia'

Die überhängenden Kräuter werden untereinander gepflanzt, ebenso die buschig wachsenden Arten. In die untersten beiden Taschen kommen Wald-Erdbeeren. Zum Überwintern der Kräuter müssen diese aus den Taschen in einen Topf umgepflanzt und an einen geschützten Ort gestellt werden.

Diese frisch-würzige Kräutermischung bereichert jeden Salat. Selbst ihre Blüten, wie die von Wilder Rauke und dem kompakt wachsenden Oregano, bieten noch würzige Geschmacksnoten. Für die Kräuter gilt auch hier: Die Überwinterung klappt nur an einem geschützten Ort.

3. & 4. Tasche: Salate im Frühjahr

3. & 4. Tasche: Salate im Sommer

1 Asia-Salat 'Red Giant'

2 Grüner Eskariol

3 Frisée

4 Winter-postelein

5 Feldsalat 'Dunkel-grüner Vollherziger'

1 Wilde Rauke

2 Schnittsalat 'Red Salad Bowl'

3 Schnittsalat 'Till'

4 Schnittsalat 'Cerbiatta'

5 Schnittsalat 'Lollo Rosso'

Die hier für die Frühjahrsbepflanzung genannten Sorten sind Vorschläge, die Sie beliebig austauschen können. Am besten setzen Sie vorgezogene junge Pflanzen. Achten Sie jedoch darauf, dass Sie Pflück- oder Schnittsalat in der Gärtnerei erwerben und keine Kopfsalate.

Bevor die Sommer- und Herbstsalate ausgesät werden können, gilt es einen Teil der Erde zu ersetzen. Das nachgefüllte Substrat wieder fest in die Taschen pressen. Auch das Saatgut müssen Sie gut andrücken und anfangs sehr vorsichtig mit einer feinen Brause wässern, damit es nicht herausgespült wird.

PROJEKT 2: BALKONKÄSTEN

Wer die gesamte Balkonfläche zur Selbstversorgung nutzen möchte, wird auch die Balkonkästen mit Genießbarem bestücken wollen. Bei den meisten Gemüsearten geht man von mindestens 20 cm Abstand zwischen den Reihen aus. In die langen, schmalen Kästen kann also im Prinzip nur einreihig ausgesät werden. Gepflanzt wird dagegen im Verbund (> Seite 99, Bild 3). Dadurch bekommt die Reihe eine leichte Zickzackform, und der Platz wird optimal ausgenutzt. So können sich Erdbeeren und Kräuter besser in den Gefäßen etablieren.

In die Kästen, die für die Aussaat vorgesehen sind, kommt auf die Blumenerde eine 5 cm starke Schicht mit Aussaaterde. Sind die Sämlinge herangewachsen, werden sie aus dem tieferliegenden, nährstoffreicheren Substrat versorgt.

Gerade für einige Gemüsearten ist regelmäßiges und durchdringendes Gießen wichtig, damit beispielsweise Radieschen zart bleiben und Salatherzen nicht welken. Wer die Kästen nur schwer erreichen kann, dem nimmt eine automatische Bewässerung mit Perlschlauch viel Arbeit ab und ermöglicht eine konstante, sanfte Wasserzufuhr.

Das brauchen Sie:

4 Balkonkästen
(80 cm Länge x 20 cm Breite x 20 cm Höhe)
8 Balkonkastenhalter
ca. 110 l torffreie Blumenerde
ca. 20 l Aussaaterde
Jungpflanzen und Saatgut (z. B. entsprechend den Anbauplänen > Seite 92–93)
Gießkanne mit feiner Brause
Flüssigdünger (z. B. BioTrissol Kräuterdünger)

Legen Sie die Saatbänder etwa 10 cm voneinander entfernt auf die Erde. Drücken Sie diese leicht an. Stecken Sie die leere Saattüte oder ein Pflanzenschild, auf dem Art und Sorte stehen, mit in den Kasten. ↓

← *Der Kasten wird bis maximal 3 cm unterhalb der Kante mit Erde befüllt. Diese muss mit beiden Händen gut verdichtet werden, damit sie im Laufe der Vegetationszeit nicht so stark in sich zusammensackt.*

Über die Aussaat wird eine etwa 1 cm starke Schicht Erde gesiebt. Abschließend alles mit einer feinen Brause wässern. Dabei bitte darauf achten, dass die Saatbänder mit Erde bedeckt bleiben und diese nicht weggeschwemmt wird. →

← Sie können auch junge Pflanzen, wie hier den Salat, direkt in den Balkonkasten auspflanzen. Diese werden in eine Reihe gesetzt. Achten Sie auf ausreichend Abstand zwischen den Pflanzen.

Außen am Balkongitter erhalten die Kräuter viel Licht. Wichtig ist, dass die Kästen fest verankert sind und gerade hängen, damit das Gießwasser nicht so leicht über den Rand schwappt. Schließlich wollen Sie nur Ihre Pflanzen gießen, nicht die unten vorbeigehenden Passanten. →

PROJEKT 2: ANBAUPLÄNE

Möhren- oder Zwiebelfliege befallen das Gemüse gewöhnlich in Bodennähe. Sie sind nicht darauf programmiert, in 1 m Höhe oder gar höher zu suchen. Das meiste Gemüse wächst auf dem Balkon daher relativ unbeschadet heran. Möhren und Radieschen brauchen regelmäßig Wasser, damit sie zarte Wurzeln bzw. Knollen ausbilden. Frische Nährstoffe (Flüssigdünger) benötigt der Salat, sobald die Radieschen abgeerntet sind. Ebenso die Lauchzwiebeln, deren grobe Blattröhren wie bei Schnittlauch mehrfach geschnitten werden können. Die Zwiebelansätze nur bei Bedarf ernten. Die Ringelblumenblüten sind übrigens auch essbar.

1. Balkonkasten: Möhren und Zwiebeln

❶ 16 x Frühlingszwiebel

❷ 16 x Möhre 'Milan'

Möhren und Zwiebeln gelten als ideale Partner. Daher teilen sie sich einen Kasten. Damit es optisch ansprechend wirkt, wechseln sich Gruppen mit jeweils acht Pflanzen ab, die einreihig ausgesät werden. Der Abstand zwischen den einzelnen Pflanzen sollte in etwa 2,5 cm betragen.

2. Balkonkasten: Radieschen und Pflücksalat

❶ 20–25 x Radieschen 'Sora'

❷ 3 x Pflücksalat 'Lollo Rosso'

❸ 2 x Pflücksalat 'Lollo Bionda'

❹ 2 x Pflücksalat 'Red Salad Bowl'

❺ 3 x Pflücksalat 'Till'

Pflücksalat und Radieschen können zweireihig gesät werden, da sich die Radieschen schneller entwickeln als ihre größeren Partner. Schon sechs bis acht Wochen nach der Aussaat sind sie reif für die Ernte. Dann hat der Salat Platz, sich über den gesamten Kasten auszubreiten.

3. Balkonkasten: Erdbeeren und Ringelblumen

❶ 4 x Erdbeere

❷ 9 x Ringelblume

Die Erdbeerpflanzen werden mit 20 cm Abstand zueinander in den Kasten gesetzt. In die Zwischenräume kommen je drei Ringelblumensamen. Bis die Erdbeerpflanzen herangewachsen sind, haben sie Zeit, sich zu entwickeln. Schließlich thronen ihre Blüten über den roten Früchten.

4. Balkonkasten: Küchenkräuter

❶ 1 x Thymian

❷ 1 x Schnittlauch

❸ 1 x Rosmarin

❹ 1 x Oregano

❺ 1 x Salbei

❻ 1 x Schnittknoblauch

Die Kräuter werden im Verbund, also in einer Art Zickzacklinie, gepflanzt (> Seite 99, Bild 3). Damit wird der zur Verfügung stehende Raum optimal genutzt. Zudem wechseln sich schlanke Arten wie Schnittlauch und Schnittknoblauch mit buschigen Vertretern wie Salbei und Thymian ab.

PROJEKT 3: RUNDE TASCHEN

Die folgenden Anbaupläne sind für zwei Pflanztaschen à 37 l und sechs kleine à 10 l Füllmenge konzipiert. Die »Vigoroot«-Taschen bestehen aus robuster Kunstfaser, die speziell für den Pflanzenanbau entwickelt wurde. Das Besondere daran: Die Wurzeln verbinden sich mit den Fasern. So wird ein vitales Pflanzenwachstum gefördert. Statt dieser speziellen Taschen können Sie natürlich auch andere Behältnisse oder Töpfe in gleicher Größe verwenden. Die großen Taschen sind wie kleine Beete zu nutzen: Es werden Reihen gezogen, in die man aussät. So entsteht eine Salatbar, von der Sie sich das ganze Jahr über bedienen können. Nach einer Aussaat im Frühjahr folgt eine zweite im Hochsommer, deren Ernte bis in den Winter hineinreicht. In die kleineren Taschen kommen vorgezogene Kräuter aus der Gärtnerei. Jedes Gefäß ist einem Kraut vorbehalten, das sich dort üppig entwickeln kann. Das kommt speziell den starkwüchsigen Minzen entgegen. Diese müssen solo stehen, da sie sonst ihre Nachbarn schnell überwuchern. Mit den unterschiedlichen Aromen ihrer Blätter lassen sich Salate verfeinern und erfrischende Tees aufbrühen.

Das brauchen Sie:

2 Gemüsepflanztaschen »Vigoroot« à 37 l
Füllmenge (40 cm Durchmesser x 30 cm Höhe)
2 3er-Sets Pflanztasche »Vigoroot« à
10 l Füllmenge
ca. 120 l torffreie Blumenerde
ca. 20 l Aussaaterde
Jungpflanzen und Saatgut (z. B. entsprechend den Anbauplänen > Seite 96–97)
Gießkanne mit feiner Brause
Flüssigdünger (z. B. BioTrissol Kräuterdünger)

Die Tasche sollte schließlich prall gefüllt sein, damit die Erde später möglichst nicht mehr sackt. Ein Gießrand erleichtert das Wässern der Pflanzen. Dann wird die Oberfläche glatt gestrichen und leicht angedrückt. ↓

← *Die Taschen auseinanderfalten und bis zum Rand mit Blumenerde füllen. Dabei sollten Sie Klumpen mit den Fingern gut lockern und die Erde immer wieder mit den Fäusten fest in die Tasche hineindrücken.*

Je nach Saatgut werden unterschiedlich tiefe Rillen gezogen, für feines Saatgut etwa mit einem Pikierstab oder mit einem Finger. Für grobes Saatgut, wie die Erbsen, können Sie auch die schmale Seite der Hand verwenden. →

← *Platzieren Sie das Saatgut mit den Fingern punktgenau in den entsprechenden Abständen in den Rillen. Anschließend werden die Rillen geschlossen, indem Sie Erde von beiden Seiten darüberstreichen und fest andrücken.*

Zum Wässern eignet sich eine Gießkanne mit feinem Brausen-aufsatz oder – für den gezielten Einsatz – eine Ballbrause. Gehen Sie dabei behutsam vor, damit das Saatgut nicht aus der Erde herausgeschwemmt wird. →

PROJEKT 3: ANBAUPLÄNE

Je nach Witterung beginnt die Salaternte nach sechs bis acht Wochen. Ab dann benötigen die Pflanzen etwa einmal wöchentlich etwas Flüssigdünger. Schonen Sie bei der Ernte das Salatherz, aus ihm sprießen die neuen Blätter. Diese darum nicht tiefer als 3 cm über dem Boden schneiden. Rückt der Sommer näher, bilden die Salate Blüten, und die Blätter werden bitter. Dann können Sie die Strünke entfernen und durch Feldsalat ersetzen. Zum Ernten der Kräuter werden einzelne Triebe gekappt. Schneiden Sie die Minzen einmal vor der Blüte im Juli komplett zurück und hängen Sie die Kräuterbündel zum Trocknen auf.

3 Pflanztaschen mit Minze-Arten

1 Marokkanische Minze

2 Pfefferminze 'Multimentha'

3 Süße Limonenminze 'Hillary's Sweet Lemon'

In je eine Vigoroot-Tasche wird eine Minze eingepflanzt. Wichtig ist, dass die Erde gut verdichtet ist und die Minze mit ihrem Wurzelballen fest eingepflanzt wird. Achten Sie darauf, dass noch etwas Abstand zum Rand bleibt, damit sich das Gießwasser sammeln und langsam versickern kann.

3 Pflanztaschen mit Kräutern

1 Zitronenmelisse

2 Zitronenverbene

3 Thai-Basilikum

Jedes Kraut bekommt eine eigene Vigoroot-Tasche. Wichtig ist wiederum, die Erde gut zu verdichten und die Pflanzen fest anzudrücken. Es müssen allerdings mindestens 3 cm Abstand zwischen Erdoberfläche und oberem Taschenrand bleiben, damit das Gießwasser langsam versickern kann.

1. Gemüsepflanztasche

1 3 Reihen
Salat-Rauke

2 2 Reihen
Feldsalat

3 1 Reihe
Romana-Salat

Im März werden drei Reihen Salat-Rauke ausgesät. Sind diese abgeerntet, wird die Erde gelockert, mit frischem Dünger vermischt und wieder fest angedrückt. In eine etwa 5 cm starke Schicht Aussaaterde kommen nun die Saatkörner von Romana-Salat und ab August von Feldsalat.

2. Gemüsepflanztasche

1 1 Reihe
Pflücksalat 'Till'

2 1 Reihe Pflücksalat
'Lollo Rosso'

3 1 Reihe
Zuckerhut

4 1 Reihe
Eskariol-Endivie

Im März werden je eine Reihe Pflücksalat 'Till' und 'Lollo Rosso' ausgesät. Sind diese abgeerntet, wird die Erde gelockert, mit frischem Dünger vermischt und wieder fest angedrückt. In eine etwa 5 cm starke Schicht Aussaaterde kommen nun der Zuckerhut und die Eskariol-Endivie.

PROJEKT 4: KISTENGARTEN

Den Nutzgärtner zeichnet aus, dass er sein Gemüse gewöhnlich in Reihen anbaut, dabei auf die Gesetze der Fruchtfolge achtet und nur Pflanzen benachbart, die sich gut vertragen. Auf dem Balkon ist man von diesen Überlegungen nur dann betroffen, wenn Minibeete in Form großer Kisten, Boxen oder Zinkwannen (hier bitte auf Wasserabzugslöcher im Boden achten) zum Einsatz kommen. Dann lohnt sich ein Anbauplan, um mit der nächsten Kultur rechtzeitig zur Stelle zu sein. Die Vorgehensweise variiert je nachdem, ob das

Gemüse als Jungpflanze gesetzt oder ausgesät wird. Im ersten Fall wird die Erde unter Umständen noch mit einem organischen Dünger angereichert. Dies hängt vom Frischezustand der Erde und den Nährstoffansprüchen der jeweiligen Kultur ab. Bei Direktaussaat sollte auf die Blumenerde noch eine etwa 5 cm starke Schicht Aussaaterde aufgebracht werden. Ist eine Kultur abgeerntet, wird der Boden zwischen den übrigen Pflanzen vorsichtig gelockert und gegebenenfalls wieder mit einer Schicht Aussaaterde und frischer Saat oder aber mit frischen Nährstoffen versehen.

Das brauchen Sie:

2 große Korbboxen oder Holzkisten à 140 l
Füllmenge (100 cm Länge x 40 cm Breite
x 40 cm Höhe)
240 l torffreie Blumenerde
40 l Aussaaterde
Jungpflanzen und Saatgut (z. B. entsprechend den Anbauplänen > Seite 100–101)
Gießkanne
Flüssigdünger (z. B. BioTrissol Tomatendünger)

In das Beet sollen Salatpflanzen kommen. Der Nährstoffvorrat der meisten Blumenerden ist nach sechs Wochen aufgebraucht. Daher wird hier noch ein organischer Dünger in den Boden eingearbeitet. Er setzt sich langsam um und würde auch noch eine Folgekultur versorgen. ↓

← Achten Sie beim Befüllen des Minibeetes darauf, dass die Erde gut verdichtet wird, damit die Pflanzenwurzeln festen Halt finden. Lassen Sie zum Wässern gut 2 cm Platz zwischen Erdoberfläche und Rand.

③

← Pflanzen Sie die Setzlinge im Dreiecks-Verbund ein. Dann steht zwischen zwei Pflanzen die der nächsten Reihe auf Lücke. Das sorgt für eine optimale Platzausnutzung. Denken Sie daran, die Wurzelballen fest in den Boden zu drücken.

Wässern Sie ohne Brause. Richten Sie den Wasserstrahl gezielt auf den Wurzelballen der Pflanze. Dieser wird dadurch gut durchfeuchtet und fest in den Boden eingeschlämmt. Die Blätter sollen möglichst trocken bleiben. →

④

⑤

← Nach einigen Wochen sind die ersten Salatblätter schon bereit für die Ernte. Hierzu werden sie mit einem Messer etwa 3 cm über der Erdoberfläche gekappt. Ihr sattes grünes Laub zeigt an, dass sie gut mit allen wichtigen Nährstoffen versorgt sind.

PROJEKT 4: ANBAUPLÄNE

Die Planung ist für zwei große Kisten mit einer Grundfläche von 100 × 40 cm konzipiert. Hierbei wurden Erfahrungen der Mischkultur berücksichtigt. So beeinflussen sich Möhren und Lauchzwiebeln positiv und stehen daher nebeneinander. Ebenso schätzen sich Rote Bete und Zwiebeln als Nachbarn. Da die geringe Fläche optimal ausgenutzt werden soll, lösen Folgekulturen die bereits abgeernteten Gemüsearten ab. Die Aussaat startet im März. Im Mai folgen Tomaten und Rote Bete. Den Abschluss bilden im Juli Feldsalat und Winterpostelein. So sorgen die Minibeete für täglich frische Vitamine bis zum nächsten Frühjahr.

1. Kiste: Vorkultur

1 Frühmöhre
'Milan' (ab März)

2 Lauchzwiebel
(ab März)

3 Radieschen
(ab März)

Es werden drei Querreihen mit einem Abstand von 15 cm zueinander gezogen. Die Radieschen keimen am schnellsten und können manchmal schon sechs Wochen nach der Saat geerntet werden. Möhren und Lauchzwiebeln lassen sich mehr Zeit. Stehen die Möhren zu dicht, werden sie ausgedünnt.

1. Kiste: Folgekultur

1 Feldsalat
(ab Juli)

2 Rote Bete
(ab Mai)

Lockern Sie die Erde, bevor die Roten Beten gesät werden, und arbeiten Sie dabei zugleich organischen Dünger ein. Dann den Boden wieder fest andrücken, glätten und mit einer Schicht Aussaaterde versehen. In gleicher Weise gehen Sie vor der Aussaat des Feldsalats vor.

2. Kiste: Vorkultur

1 Salat-Rauke (ab März)

2 Lager-Möhre
'Rodelika' (ab März)

3 Kohlrabi
'Azur Star' (ab März)

Auch hier legen Sie drei Saatrillen im Abstand von 15 cm an. Von der Rauke können Sie mehr-fach ernten, wenn Sie die Blätter 3 cm über dem Boden abschneiden. Für den Kohlrabi muss zusätzlich Dünger in die Erde eingearbeitet werden, bevor dieser an seinen Platz kommt.

2. Kiste: Folgekultur

1 Buschtomate
(ab Mai)

2 Winterpostelein
(ab Juli)

Die Tomate braucht gleichfalls einen kräftigen Schub Nährstoffe. Setzen Sie die jungen Pflanzen tief in die gelockerte Erde ein und drücken Sie den Ballen fest an, sodass eine kleine Mulde für das Gießwasser bleibt. Winterpostelein kommt ohne zusätzlichen Dünger aus.

PROJEKT 5: PFLANZSÄCKE

Große Pflanzen brauchen viel Erdvolumen – wie in diesen Pflanzsäcken mit bis zu 40 l Füllmenge! In ihnen kann man Tomaten, Zucchini und Kartoffeln entspannt beim Wachsen zusehen. Da das Fruchtgemüse keinen Frost verträgt, darf es erst ab Mitte Mai ins Freie. Die Säcke werden jedoch schon früh im März gefüllt. Dabei die Erde gut verdichten, sonst sackt diese im Laufe der Zeit zusammen, und die Pflanzen leiden. Das gilt auch dann, wenn die Erde nach der Vorkultur nochmals gelockert und mit organischem Dünger aufbereitet wird.

Tomaten, Zucchini und Kartoffeln sind Starkzehrer. Sie haben also einen hohen Nährstoffbedarf. Daher muss die Erde zum Auffüllen des Sackes zusätzlich mit Stickstoff angereichert werden, beispielsweise in Form von Hornspänen oder Hornmehl. Die Tomaten bekommen einen Stab als Halt. An diesem müssen sie in Abständen immer wieder neu angebunden werden. Frische Triebe, die in ihren Blattachseln sprießen, gilt es regelmäßig zu entfernen. Dieses Vorgehen nennt man »ausgeizen«. Stehen die Pflanzen warm und geschützt, kann im Juli schon die Tomatenernte beginnen.

Das brauchen Sie:

4 Kartoffel- und Tomatenpflanztaschen
à 40 l Füllmenge
(35 cm Durchmesser x 45 cm Höhe)
140 l torffreie Blumenerde
20 l Aussaaterde
Jungpflanzen und Saatgut (z. B. entsprechend den Anbauplänen > Seite 104–105)
Gießkanne mit feiner Brause
Flüssigdünger (z. B. BioTrissol Tomatendünger)

Nun werden die Kartoffeln mit einer abermals ca. 10 cm starken Erdschicht bedeckt. Parallel dazu wird der Rand des Sackes wieder ein Stück hochgekrempelt. ↓

← *Wollen Sie Kartoffeln in einem Sack anbauen, wird zunächst der Rand umgekrempelt und der Sack etwa 10 cm hoch mit nährstoffreicher Erde gefüllt. Darauf drei vorgekeimte Kartoffeln auslegen.*

Denken Sie daran, die gepflanzten Kartoffeln regelmäßig zu gießen. Die Erde sollte feucht sein, jedoch nicht klitschnass. Dann durchbrechen die Keimlinge schon bald die Erdoberfläche, und das Kartoffellaub wird sichtbar. →

← Krempeln Sie den Sack weiter hoch und füllen Sie diesen fast vollständig mit Erde auf. Es sollte ein kleiner Rand bleiben, der das Gießen erleichtert. Achten Sie beim Einfüllen der Erde darauf, dass das Laub der Kartoffeln nicht abknickt.

Die Kartoffelpflanzen durchziehen die gesamte Erde mit Wurzelausläufern, an deren Verzweigungen zahlreiche Knollen entstehen. Beginnt das Laub abzutrocknen, ist der Zeitpunkt zur Ernte gekommen. →

PROJEKT 5: ANBAUPLÄNE

Es bleibt Ihnen überlassen, ob Sie die Säcke, in denen später Tomaten und Zucchini wachsen, von Anfang an gänzlich füllen. Möglicherweise erleichtert es Ihnen die Arbeit, wenn die Frühjahrskultur nur auf einer 20 cm starken Erdschicht gedeiht und Sie den zusätzlichen Dünger für das Fruchtgemüse erst untermischen, wenn der Sack später komplett aufgefüllt wird. Tomaten, Zucchini und Basilikum können Sie ab März am Fenster selbst vorziehen oder in einer Gärtnerei als Jungpflanzen kaufen. Als Saat-Kartoffeln können Sie jede beliebige kleine Speisekartoffel aus dem Handel verwenden, vorausgesetzt, diese stammt aus dem Bio-Anbau.

1. Sack

1 Tomate
'Dattelwein'

2 Basilikum
'Genoveser'

Im März füllen Sie den Sack mit Erde und säen Spinat aus. Ist dieser abgeerntet, wird die Erde gelockert und mit einem organischen Dünger angereichert. Mitte Mai setzen Sie die Tomatenpflanze tief ein und versehen sie mit einem Stab. Davor kommt eine Basilikumpflanze.

2. Sack

1 Tomate
'Trixi'

2 Zimtbasilikum

Im März füllen Sie den Sack mit Erde und säen Spinat aus. Ist dieser abgeerntet, wird die Erde gelockert und mit einem organischen Dünger angereichert. Mitte Mai setzen Sie die Tomatenpflanze tief ein und versehen sie mit einem Stab. Davor kommt eine Basilikumpflanze.

3. Sack

1 Kartoffel
'Linda'

2 Kartoffel
'Salad Blue '

3 Kartoffel
'Bamberger
Hörnchen'

Im März füllen Sie den
Sack etwa 20 cm hoch und
säen drei Reihen Ra-
dieschen aus. Sind diese
geerntet, wird die Erde
gelockert und mit einem
organischen Dünger
angereichert. Dann legen
Sie die drei vorgekeimten
Pflanzkartoffeln aus und
bedecken diese mit Erde.

4. Sack

1 Zucchini
'Cocozelle'

Im März füllen Sie den
Sack komplett mit Erde
und säen Salat-Rauke aus.
Ist diese abgeerntet, wird
die Erde gelockert und
mit einem organischen
Dünger angereichert.
Mitte Mai setzen Sie die
Zucchinipflanze in die
Mitte des Sackes ein.

TERRASSE & VERANDA
Gemüseanbau auf bodenständige Art

In »Terrasse« steckt das lateinische Wort »terra«, das mit »Erde« oder »Erdboden« übersetzt wird. Man versteht darunter einen an das Haus grenzenden Platz auf Erdgeschossebene, gedacht für den Aufenthalt im Freien. Mit Überdachung und seitlichen Abgrenzungen wird aus der Terrasse ein geschützter, halb offener Raum – eine Veranda ...

AUF FESTEM GRUND

Auf einer Terrasse oder einer Veranda ist es in der Regel schon etwas geräumiger als auf einem Balkon. Vorteilhaft wirkt sich auch die Ebenerdigkeit aus: Hier müssen Sie sich keine Gedanken um die Tragfähigkeit machen. Die Möglichkeiten einer Bepflanzung von Terrasse oder Veranda erweitern sich im Vergleich zu einem Balkon daher um große Töpfe und Kübel bis hin zu kleineren Hochbeeten.

Lichtverhältnisse beachten

Ob sich eine Terrasse oder eine Veranda für die Bepflanzung mit Obst, Gemüse und Kräutern eignet, hängt in großem Maße von den Lichtverhältnissen ab. Auf einer nach Süden, Südwesten oder Südosten ausgerichteten Terrasse ist ausreichend Licht vorhanden, solange nicht hohe Gebäude oder Bäume für eine starke Schattierung sorgen. Bei reinen West- oder Ostlagen nehmen Sie den vorgesehenen Platz für die Bepflanzung genau in Augenschein: Kann die Sonne diesen vier bis fünf Stunden am Tag ungehindert bescheinen, wird der Anbau gelingen. Bei weniger Licht schafft nur ein Versuch mit diesbezüglich anspruchslosen Arten Sicherheit. In Nordlagen ist der Anbau von Nutzpflanzen nur wenig erfolgversprechend.

Sind die Bepflanzungsmöglichkeiten einer Terrasse durch ihre lichtoffene Bauweise vielfältig, ergeben sich auf einer Veranda Einschränkungen. Die Überdachung und seitlichen Begrenzungen nehmen viel Licht und schränken die Eignung für den Anbau essbarer Pflanzen sehr ein. Vielleicht haben Sie die Möglichkeit, Pflanzkästen oder ein Hochbeet vor der Veranda aufzubauen? Hier sind die Lichtverhältnisse wie auf einer Terrasse zu beurteilen.

Wind und Hitzestau

Während auf einer geschützten Veranda das Licht Einschränkungen im Pflanzenanbau mit sich bringt, muss auf einer frei liegenden Terrasse mit Wind und in reinen Südlagen auch mit Hitze gerechnet werden. Beides hat Einfluss auf das Pflanzenwohl. Durch starke Winde können Pflanzgefäße umfallen. Das gilt insbesondere für vertikale Anordnungen. Sichern Sie solche Konstruktionen daher sorgfältig und ausreichend. In windexponierten Lagen trocknen Pflanzgefäße zudem schnell aus. Achten Sie an windigen, trockenen Tagen besonders auf eine ausreichende Wasserversorgung.

Verwandelt die Sonne die Südterrasse an sehr heißen Sommertagen dagegen in einen Freilandtoaster, können Sie Ihre Pflanzen kaum vor dem Hitzestau schützen. Zartblättrige Salate kommen mit diesen Bedingungen nur schwer zurecht. Sie gedeihen eher in kühleren Zeiten. Bepflanzen Sie die sonnenexponierten Lagen daher nur im Frühjahr und dann wieder im Spätsommer mit Salat. In den Sommermonaten nutzen Sie diese z. B. für den

Anbau von Tomaten, Chilis, Paprika und Auberginen, die sich für ein solches Plätzchen mit besonders aromatischen Früchten bedanken.

Bewässerung einfach gestalten

Je mehr Platz vorhanden ist, desto mehr Pflanzgefäße können aufgestellt werden. Das kann darauf hinauslaufen, dass der tägliche Gießdurchgang in Arbeit ausartet. Das weiß jeder zu bestätigen, der die wassergefüllten Gießkannen einzeln aus der Küche nach draußen schleppt. Ein Außenwasserhahn auf der Terrasse erleichtert die Arbeit dagegen ungemein. An diesem können Sie Ihre Kannen füllen und sich lange Wege ersparen. Noch einfacher wird es, wenn Sie einen Schlauch anschließen. Dafür bietet sich ein Spiralschlauch an, der sich nach der Arbeit von selbst wieder platzsparend zusammenzieht.
Ist kein Wasserhahn in der Nähe, sorgt das Aufstellen eines Vorratsbehälters, z. B. einer Regentonne, für Abhilfe. Daraus können Sie mehrere Tage mit einer Kanne Wasser entnehmen, um die Tonne dann wieder mit einem Schlauch aufzufüllen.

Nutzen Sie den Freiraum auf Terrasse oder Veranda: Schon mittelgroße Kisten oder Pflanztaschen bieten sich an für reichhaltige Mischkulturen.

PROJEKT 1: PFLANZKASTEN

Alle großen Gefäße, die nicht mit Rollen ausgestattet sind, müssen schon vor der Bepflanzung an ihrem vorgesehenen Platz stehen. Sobald Substrat und Pflanzen im Kasten sind, ist dieser sehr schwer und kann kaum noch bewegt werden.
Pflanzkästen haben Wasserabzugslöcher im Boden. Diese Löcher müssen abgedeckt werden, damit sie nicht mit Erde verstopfen. Dazu eignen sich Scherben aus kaputten Tontöpfen, Kies oder die leichten Blähtonkugeln, die aus der Hydrokultur bekannt sind. Decken Sie die Schutzschicht mit einem wasserdurchlässigen Gartenvlies ab, sodass keine Erde zwischen die Scherben, Steine oder Tonkugeln gespült werden kann.

Auf das grobe Material wird im nächsten Schritt Erde gefüllt. Für vorgezogene Pflanzen mit Erdballen machen Sie den Kasten nicht ganz voll. Je größer die Ballen, desto mehr Platz bleibt frei. Später, beim Einpflanzen, wird so viel Erde nachgefüllt, dass der Kasten 2 bis 3 cm bis unter den Rand gefüllt ist. Soll im Kasten direkt ausgesät werden, füllen Sie ihn gleich bis auf einen zwei bis drei Finger breiten Gießrand mit Erde auf.

Das brauchen Sie:

1 Pflanzkasten à 70 l Füllmenge
(90 cm Länge x 40 cm Breite x 40 cm Höhe)
36 l Blähton, Füllhöhe 10 cm
1 Vliesstreifen (40 x 60 cm)
70 l torffreie Universal- oder Gemüseerde
Jungpflanzen und Saatgut (z. B. entsprechend den Anbauplänen > Seite 110–111)

Auf die mit Vlies abgedeckten Blähtonkugeln wird Erde gefüllt. Für eine Bepflanzung mit mediterranen Kräutern nehmen Sie eine spezielle Pflanzerde (> Seite 15), für Gemüse eine torffreie Universal- oder Gemüseerde. Idealerweise sollte die Erde etwa handfeucht sein. ↓

← *Die leichten Blähtonkugeln sind in großen, ohnehin schon schweren Gefäßen gut als Abdeckung der Wasserabzugslöcher geeignet. Der Kasten kann bis zu einem Viertel mit dem Material gefüllt werden.*

← *Pflanzkästen, die mit einer Sitzbank kombiniert werden, sind prädestiniert für Duftpflanzen. Intensiven Duft verströmen vor allem Kräuter, wie der hier abgebildete Lavendel. Gut geeignet sind diese Gefäße auch für Duftpelargonien, wie die Zitronen- und die Pfefferminzgeranien. Diese Pflanzen sind übrigens essbar und sollen zudem Mücken vertreiben.*

Einwegkisten aus Holz lassen sich mit umweltfreundlicher Farbe bunt gestalten. Sie bekommen die Kisten manchmal sogar kostenlos auf Wochenmärkten, wenn Gemüsehändler den Inhalt bereits erfolgreich verkauft haben. Dicht bepflanzte Kisten wie hier müssen oft gegossen werden. →

← *Pflanzkästen, die mit einem Rankgitter ausgestattet sind, können als Sichtschutz zum Nachbarn aufgestellt werden oder auf einer größeren Terrasse als Raumteiler dienen. Am Rankgitter wachsen Kletterpflanzen empor, oder es dient als Stütze für beispielsweise Tomaten oder Gurken.*

PROJEKT 1: ANBAUPLÄNE

Die folgenden vier Anbaupläne sind für Pflanzkästen mit einer Grundfläche von 90 × 40 cm und einer Höhe von ebenfalls 40 cm konzipiert. Die Kästen sind mit einem stabilen, 180 cm hohen Rankgitter ausgestattet. Daran können verschiedenste Gemüsepflanzen emporwachsen. Durch das bepflanzte Rankgitter bietet der Kasten einen hervorragenden Sichtschutz. Die Bepflanzungen mit Feuerbohnen und Wildtomaten sind sehr robust. Mexikanische Minigurken und Horngurken sind eher empfindliche Gewächse, die einen sehr warmen Standort und ausreichend Windschutz benötigen, um zu gedeihen und Früchte zu tragen.

Feuerbohnen

1 18 Bohnenkerne mit 5 cm Abstand in eine 1,5 cm tiefe Rille legen und mit Erde abdecken.

2 5 Erdbeerpflanzen 'Ostara', 2x tragend

Feuerbohnen haben durch ihre roten Blüten einen hohen Zierwert. Mitte Mai gepflanzt, sind die ersten Hülsen im August reif. Sie können diese auch Ende September als Körnerbohne ernten. Nach den Regeln der Mischkultur passt zu Bohnen eine Unterpflanzung aus Erdbeeren.

Wildtomaten

1 1 Wildtomate 'Rote Murmel'

2 1 Wildtomate 'Golden Current'

Sehr einfach ist die Bepflanzung des Kastens mit Wildtomaten. Diese sehr ursprünglichen Tomaten mit kirschgroßen Früchten sind starkwüchsig und müssen nicht ausgegeizt werden. Allerdings brauchen sie eine Stütze und sollten immer wieder locker am Rankgitter angebunden werden.

Mexikanische Minigurken

❶ 2 vorgezogene Mexikanische Minigurken

❷ 1 Reihe Buschbohnen 'Golddukat'; die Bohnen im Abstand von 5 cm in eine 1,5 cm tiefe Rille legen und mit Erde bedecken.

Die Früchte der Mexikanischen Minigurke sind so groß wie eine 1-Euro-Münze und sehen aus wie kleine Wassermelonen. Die Pflanzen sind sehr wärmebedürftig und müssen windgeschützt stehen. Als Partner eignet sich eine Reihe gelber Buschbohnen am vorderen Rand.

Kiwano, Horngurke

❶ 1 vorgezogene Horngurke in die Mitte vor das Rankgitter setzen.

❷ 1 Reihe Buschbohnen 'Purple Teepee'

Die Kiwano stammt aus Südafrika. An einem warmen Standort wächst sie sehr üppig und ist kaum krankheitsanfällig. Die stacheligen, handtellergroßen Früchte sind reif, wenn ihre Farbe von Grün nach Gelb umschlägt. Unterpflanzt wird sie mit einer Reihe purpurfarbener Buschbohnen.

PROJEKT 2: ZINKWANNE

Die Zinkwanne ist in ihrer Funktion wie ein Pflanzkasten zu sehen. Kleine Wannen müssen oft gegossen und gedüngt werden, größere Wannen bieten mehr Platz für die Wurzeln und einen größeren Speicher für Wasser und Nährstoffe. In der Regel sind keine Löcher im Wannenboden, sodass vor der Bepflanzung gebohrt werden muss.

Im Gegensatz zu einem eckigen Kasten sind Zinkwannen meistens rund oder oval. Sie wirken weniger funktional als ein Pflanzkasten. Auf der Terrasse sind sie mehr ein dekoratives Element als ein praktisches Behältnis für Gemüse- und Kräuterpflanzen. Die meisten, oft schon recht alten Wannen wirken daher besser, wenn sie nicht mit Gemüse in Reihen gestaltet, sondern stattdessen mit einer höhengestaffelten, farblich aufeinander abgestimmten Bepflanzung versehen werden. Aber warum nicht das Nützliche mit dem Schönen verbinden? Auch unter den Nutzpflanzen gibt es farben- und formenprächtige Vertreter, die sowohl etwas fürs Auge als auch zum Ernten zu bieten haben. Es stellt sich nur die Frage, ob die Zinkwanne rundum oder nur von einer Seite betrachtet wird.

Das brauchen Sie:

1 große Zinkwanne à 70 l Füllmenge
(80 cm Länge x 40 cm Breite x 40 cm Höhe)
25 l Blähton, Füllhöhe 8 cm
1 Vliesstreifen (40 x 80 cm)
70 l torffreie Universal- oder Gemüseerde
Jungpflanzen und Saatgut (z. B. entsprechend den Anbauplänen > Seite 114–115)
2 Rankgitter aus Bambusstäben
2 Kabelbinder
9 Becher
etwas Fertigbeton

Schön und funktional: Zwei miteinander verbundene Rankgitter aus Bambusstäben, wie sie im Baumarkt für Kübel erhältlich sind, werden in kleine Becher einbetoniert. Die Becher mit dem Rankgerüst stellen Sie in die Wanne und klemmen sie mit zwei Dachlatten fest ein. ↓

← Gehen Sie bei der Zinkwanne wie bei einem Pflanzkasten vor: Die Wasserabzugslöcher mit Blähton, die Tonkugeln mit Vlies abdecken. Auf das Vlies füllen Sie die Erde, dann setzen Sie die Pflanzen ein.

← *Zwei dekorative Zinkwannen, in die essbare Blütenkräuter gesät wurden. Die Bepflanzung hat einen natürlichen Charme, muss aber häufig gegossen werden, da die Pflanzen sehr dicht stehen. Essbare Blüten können Sie als fertige Samenmischung kaufen oder selbst zusammenstellen: Kapuzinerkresse, Ringelblumen, Gewürztagetes und Kornblumen gehören z. B. in diese Kategorie.*

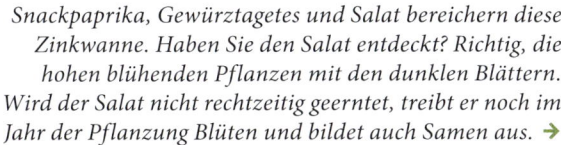

Snackpaprika, Gewürztagetes und Salat bereichern diese Zinkwanne. Haben Sie den Salat entdeckt? Richtig, die hohen blühenden Pflanzen mit den dunklen Blättern. Wird der Salat nicht rechtzeitig geerntet, treibt er noch im Jahr der Pflanzung Blüten und bildet auch Samen aus. →

← *Spitzpaprika und Zinnien sind die Hauptdarsteller in dieser Zusammenstellung. Unterpflanzt sind die farbkräftigen Vertreter mit Salbei und Zitronenthymian. Schön fürs Auge, aber dennoch ungünstig in der Zusammenstellung, da die Pflanzen sehr unterschiedliche Ansprüche haben.*

PROJEKT 2: ANBAUPLÄNE

Die Anbaupläne sind für Zinkwannen mit einer Grundfläche von 40 x 90 cm und einer Höhe von 40 cm konzipiert. In einer Wanne ist ein 60 cm hohes Rankgitter eingesetzt. An dem Gitter können Erbsen oder farbenprächtige Borlotti-Bohnen emporwachsen. Für die Gestaltung sind Arten ausgewählt, die sowohl in ihren Ansprüchen als auch optisch gut miteinander harmonieren. Bepflanzungen, die von allen Seiten betrachtet werden, haben ihren höchsten Punkt in der Mitte der Wanne. Sieht man das Gefäß nur von einer Seite, stehen hohe Pflanzen im Hintergrund, mittelhohe in der Mitte und niedrige vorn am Rand.

Mit Rankgitter

❶ je 3 Hornveilchen

❷ je 1 Salbei 'Purpurascens'

❸ 2 Reihen Erbsen 'Blauwschokker'

❹ je 1 Schnittlauch 'Forescate'

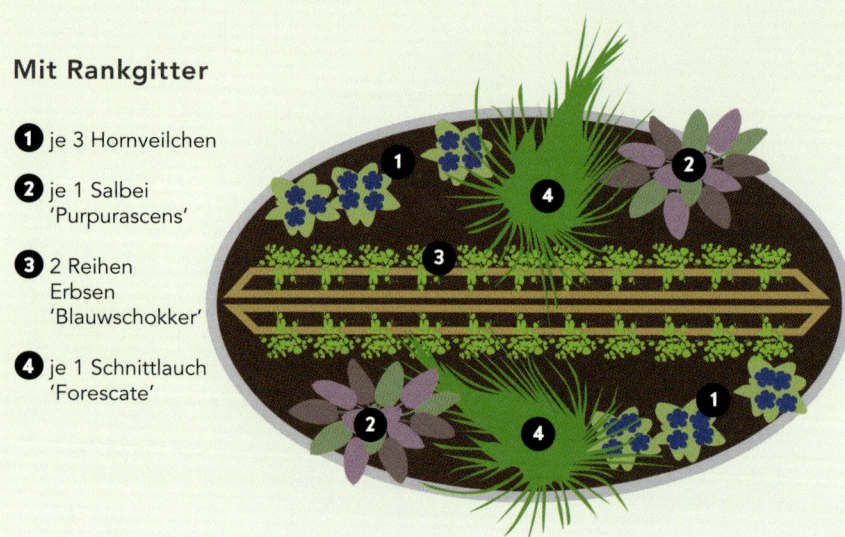

Das Rankgitter mittig in der Wanne bildet den höchsten Punkt der Bepflanzung. Das Gefäß steht so, dass es von allen Seiten betrachtet werden kann. Die Erbsensorte am Rankgitter hat blauschwarze Hülsen, dazu passen der purpurfarbene Salbei, der violett blühende Schnittlauch und weißblaue Hornveilchen.

Mit feurigen Chilis

❶ Basilikum 'Wildes Purpur'

❷ je 1 Chili 'De Cayenne'

❸ je 1 Gewürztagetes 'Orange Gem'

❹ 2 Griechischer Oregano

Eine Bepflanzung für die volle Sonne! Das purpurfarbene Basilikum ist eine sehr wüchsige Sorte und bildet den Mittelpunkt. Die roten Chilis eignen sich zum Würzen, von den reichblühenden Tagetes sind die Blüten essbar. Leicht über den Rand wächst der würzige, weiß blühende Griechische Oregano.

Mit Mangold

1 5 Mangold 'Bright Light' Mangold nach Belieben mit Acker-Ringelblumen unterpflanzen.

2 Im Frühjahr: 1 Reihe Rucola 'Speedy'

3 Im Sommer: 1 Reihe Buschbohnen 'Maxi' oder 'Purple Teepee'

Reiche Ernte: Von dem prächtigen Mangold mit Stielen in Rot- und Gelbtönen können bis in den Herbst hinein die jeweils äußeren Blätter geerntet werden. Auf den im Frühjahr ausgesäten Rucola, der ebenfalls mehrere Male frische Blätter liefert, folgen Buschbohnen. Deren Aussaat ist bis Ende Juni möglich.

Mit Kräutern

1 1 Rosmarin 'Arp'

2 1 Lavendel 'Hitcote Blue'

3 1 Salbei 'Berggarten'

4 1 Heiligenkraut

5 1 Currykraut

6 je 1 Zitronenthymian

7 2 Griechischer Oregano

Diese Wanne ist allein mit mediterranen Kräutern bepflanzt, die Sie am besten in spezielle Kräutererde setzen. Alle Arten sind mehrjährig und können an einer geschützten Stelle auf der Terrasse überwintern. Decken Sie die Pflanzen mit einer Schicht Laub ab und gießen Sie an frostfreien Tagen.

PROJEKT 3: HOCH HINAUS

Pflanztürme und -pyramiden können auf vielerlei Weise erbaut werden. Ein Turm für die Terrasse sollte auf jeden Fall auf einem Untersetzer stehen. Eine einfache Möglichkeit, einen **Pflanzturm** zu bauen besteht darin, große Plastiktöpfe seitlich mit Löchern zu versehen und übereinander aufzubauen. Gut funktioniert auch ein Zylinder aus einer Estrichmatte, ausgekleidet mit einer Kokosmatte. Zum Bepflanzen werden von außen kreuzweise Löcher in die Matte geschnitten, in die man die Gemüsejungpflanzen einsetzt. Diese Türme eignen sich gut für den Anbau von Kartoffeln oder für die Bepflanzung mit Erdbeeren. Zur Kartoffelernte muss man sie auseinanderbauen, da sich die Knollen tief im Inneren befinden. Pflanztürme sollten nicht allzu groß gebaut werden. Praktikabel sind 50 cm Durchmesser und eine Höhe von 1 m. Möchten Sie statt eines Turmes lieber eine **Pflanzpyramide** aus Holzrahmen auf Ihrer Terrasse haben, verschließen Sie den unteren Kasten mit einem Boden, in den Sie einige Löcher für den Wasserabzug bohren. Setzen Sie Turm oder Pyramide auf Füße oder besser noch auf Möbelrollen.

Das brauchen Sie:

3 Plastiktöpfe
(ca. 26 cm Durchmesser × 30 cm Höhe)
1 Untersetzer (ca. 30 cm Durchmesser)
1 Plastikwasserflasche à 1,5 l Füllmenge
45 l torffreie Universal- oder Gemüseerde
Akkubohrer mit Kreisbohrer
(ca. 4 cm Durchmesser)
Jungpflanzen und Saatgut

Bauen Sie in den oberen Topf ein Wasserreservoir ein: Hierzu von einer leeren Plastikwasserflasche den Boden abschneiden und feine Löcher in Deckel und Wände bohren. Setzen Sie die Flasche dann umgedreht in den oberen Pflanztopf und füllen Sie diese mit Wasser. ↓

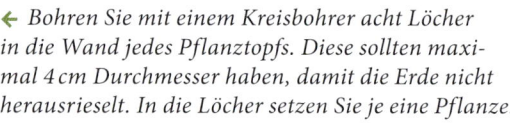

← *Bohren Sie mit einem Kreisbohrer acht Löcher in die Wand jedes Pflanztopfs. Diese sollten maximal 4 cm Durchmesser haben, damit die Erde nicht herausrieselt. In die Löcher setzen Sie je eine Pflanze.*

3

← »Paul Potato« ist ein speziell konstruierter Pflanzturm für Kartoffeln. Sie können ihn im Gartenfachhandel erwerben. Die Konstruktion ist gut durchdacht, sodass der Kartoffelanbau bei guter Pflege sicherlich gelingen wird. Probieren Sie immer mal wieder besondere Kartoffelsorten aus, wie z. B. die rotschalige 'Cheyenne' oder die Delikatesskartoffel 'Bamberger Hörnchen'.

Do it yourself: Die untere Kiste dieser Pflanzpyramide aus Holzrahmen hat eine Seitenlänge von 100 cm, die der zweiten Kiste beträgt 70 cm, die der dritten 50 cm und die der kleinsten Kisten 35 cm. Alle Rahmen sind 20 cm hoch. Anbaupläne finden Sie auf den nächsten Seiten. →

4

5

← Die großen Pflanztürme aus Estrich-matten, die mit einer Kokosmatte ausgelegt sind, stehen in einem Vorgarten. Damit es mit der Bewässerung klappt, wurde im Inne-ren gleich beim Aufbau ein Tropfschlauch spiralförmig von unten nach oben verlegt.

PROJEKT 3: ANBAUPLÄNE

Die vier Anbaupläne sind für Pflanzpyramiden aus vier nach oben kleiner werdenden Holzrahmen konzipiert. Der untere Rahmen ist 100 cm² groß, darauf steht jeweils eine Einfassung mit 70 cm², 50 cm² und 35 cm². Jeder Rahmen ist 20 cm hoch, sodass eine Turmhöhe von ca. 80 cm entsteht.

Füllen Sie den Turm gleich beim Aufbau, Rahmen für Rahmen, mit einer torffreien Gemüseerde. Sie brauchen insgesamt etwa 320 l Substrat. Im Kräuterturm verwenden Sie für die Füllung der unteren Etage eine spezielle Kräutererde oder mischen der Gemüseerde 30 % Sand zu. Für mediterrane Kräuter wäre das Substrat sonst zu nährstoffreich.

Rohkostturm

1 je 2 Reihen
Rucola 'Speedy'

2 je 2 Reihen
Asia-Salat 'Red Giant'

3 je 2 Reihen
Möhre 'Milan'

4 je 10 Steckzwiebeln
'Stuttgarter Riesen'

5 Radieschen
'Cherry Belle'

6 2 Mangold
'Bright Lights'

Den Rohkostturm können Sie Anfang April bepflanzen. Der Mangold bleibt bis in den Herbst hinein stehen. Sie ernten immer nur die äußeren Blätter. Auch Rucola und Asia-Salat kann man mehrmals schneiden. Die Radieschen werden von Salat abgelöst. Und nach Möhren und Steckzwiebeln wächst später im Jahr z. B. Feldsalat.

Italienischer Turm

1 2 Thymian 'Varico 3'

2 1 Rosmarin 'Arp'

3 1 Oregano 'Berggarten'

4 2 Zitronenthymian

5 je 1 Chili 'De Cayenne'

6 je 1 Snackpaprika

7 je 1 Basilikum 'Genoveser'

8 je 1 Basilikum
'African blue'

9 1 Buschtomate
'Bogus Fruchta'

Im italienischen Turm sind zuunterst mediterrane Kräuter untergebracht. Dieser Pflanzrahmen wird daher mit einer Kräutererde gefüllt. Für alle weiteren Aufsätze verwenden Sie Gemüse- oder Universalerde. Bepflanzen Sie den Turm erst ab Mitte Mai, denn Chili, Paprika, Basilikum und Tomaten sind sehr wärmebedürftig.

Kartoffelturm

1 8 gelbe Pflanzkartoffeln 'Annabel'

2 4 rote Pflanzkartoffeln 'Cheyenne'

3 4 gelbe Pflanzkartoffeln 'Bamberger Hörnchen'

4 1 blaue Pflanzkartoffel 'Blauer Schwede'

Experimentierfreudig? Dann können Sie im Kartoffelturm unterschiedliche und weniger bekannte Sorten anbauen. 'Cheyenne' ist rotschalig, innen aber gelb, 'Blauer Schwede' ist durch und durch blau. Das 'Bamberger Hörnchen' ist eine kleine, feste, gelbe und hörnchenförmige Kartoffel, die als Spezialität gilt.

Kräuterturm

1 2 Thymian 'Varico 3'

2 1 Rosmarin 'Arp'

3 1 Salbei 'Berggarten'

4 1 Currykraut 'Weißes Wunder'

5 je 1 Basilikum 'Genoveser'

6 1 Koriander 'Cilantro'

7 1 Kerbel 'Vertissimo'

8 1 Petersilie 'Mooskrause' und 1 Petersilie 'Gigante d'Italia'

9 je 1 Schnittlauch 'Forescate'

10 1 Liebstöckel

Unterschiedliche Substrate pro Etage schaffen Bedingungen für ein breites Sortiment an Kräutern. Der untere Rahmen trocknet am schnellsten aus; hier stehen die mediterranen Vertreter in spezieller Kräutererde. Küchenkräuter mit höherem Wasser- und Nährstoffbedarf wachsen darüber in Universalerde.

INNEN- & HINTERHOF
Viel mehr als nur ein Abstellplatz

In der Architektur bezeichnet man einen von Gebäuden oder Mauern umgebenen Raum unter freiem Himmel als Hof. Ein Innenhof ist ein von allen Seiten umbauter Hof, ein Hinterhof liegt ganz einfach hinter einem Gebäude. Hinterhöfe dienten früher ausschließlich hauswirtschaftlichen Zwecken, z. B. wurde hier die Wäsche zum Trocknen aufgehängt.

NICHT GANZ PRIVAT

Im Vergleich zu Balkon oder Terrasse bietet ein Innen- oder Hinterhof mehr Raum, ist jedoch kein privater, sondern eher ein öffentlich zugänglicher Ort. Zumindest haben alle Anwohner der Gebäude, die an den Hof grenzen, Zutritt. Über einen Hof kann man meist nicht frei verfügen, sondern diesen nur in Absprache mit den anderen Anwohnern und der Hausverwaltung nutzen. Vielleicht finden Sie ja Gleichgesinnte unter Ihren Nachbarn, mit denen Sie einen Gemeinschaftsgarten gestalten können? Bevor Sie jedoch den Innen- oder Hinterhof Ihres Wohnblocks zu Ihrem persönlichen Gartenprojekt machen, sollten Sie die Ausgangsbedingungen checken. Machen Sie sich ein Bild von den Lichtverhältnissen. Wie steht es mit der Wasserversorgung? Und wohin mit den Geräten und anderen Materialien, die Sie für den Garten benötigen?

Licht und Schatten

Aus der Definition von Innen- oder Hinterhof kann man schon auf mögliche Probleme schließen, die sich dort beim Anbau von Gemüse, Kräutern und Obst ergeben können: Ein Hof ist von Mauern oder Gebäuden umgeben. Das bedeutet, dass es viele Bereiche geben wird, die im Schatten dieser Abgrenzungen liegen. Essbare Pflanzen gedeihen jedoch nicht in einer dauerbeschatteten Umgebung. Doch da ein Hof in der Regel eine relativ große Fläche hat, wird es auch Bereiche geben, die vom Sonnenlicht erreicht werden. Beobachten Sie den Lichteinfall in Ihrem Hof und markieren Sie die Stellen, die von der Sonne beschienen sind. Mindestens vier bis fünf Stunden Sonne am Tag sind für den Anbau von Nutzpflanzen erforderlich.

Wasserversorgung

Die Wasserversorgung der Gemüse- und Kräuterbeete im Innen- oder Hinterhof eines mehrstöckigen Hauses muss gut organisiert werden. Leben Sie in einer der oberen Etagen, kann der Gießwassertransport aus der Wohnung allenfalls eine Notlösung sein. Vielleicht lässt sich mithilfe der Hausverwaltung eine Lösung finden, die die Transportwege verkürzt? Im Hof könnten z. B. Regentonnen an die Fallrohre der Dachrinnen angeschlossen werden, oder es ergibt sich die Möglickeit, einen Außenwasserhahn zu nutzen …

Material- und Werkzeuglager

Je mehr Platz zum Gärtnern zur Verfügung steht, desto größer und vielfältiger werden die Beete und desto mehr Werkzeuge und Materialien sammeln sich mit der Zeit an. Gartengeräte, Gießkannen, evtl. ein Schlauch, Töpfe und Säcke mit Erde – all das muss untergebracht werden. Die Gartenarbeit fällt leichter und ist schneller erledigt, wenn die Geräte und Materialien ohne große Umstände

erreichbar sind. Ein Unterstand oder, bei Gefahr von Diebstahl, ein abschließbares Gartenhäuschen kann dafür eine zweckmäßige Lösung sein.

Gartenprojekte für Innen- und Hinterhöfe

In Höfen lassen sich Gartenprojekte verwirklichen, die auf privaten Terrassen und Balkonen keinen Platz haben oder die Traglast der Letzteren überschreiten. Ist der Untergrund im Hof befestigt, können mobile und vom Boden unabhängige Hochbeete angelegt werden. Diese werden auf Europaletten errichtet und können sowohl aus Holzrahmen, aus Bäckerkisten oder auch aus großen Säcken wie den Big-Bags aus dem Baustoffhandel bestehen (> Seite 67). Große, schwere Pflanzkästen (> Seite 62) und Kübel (> Seite 74) finden auf diesen Flächen ebenfalls einen Platz. Gibt es auch offene Beetflächen im Hof, lassen sich darauf Hochbeete mit Bodenanschluss (> Seite 68) oder Quadratbeete (> Seite 70) für viele verschiedene Gemüsearten anlegen. Erdverbundene Beete haben den Vorteil, dass sie nicht so schnell austrocknen wie ein geschlossenes Gefäß.

Ob mit oder ohne Erdanschluss: Hochbeete passen gut in Innen- und Hinterhöfe. Denken Sie bei der Bepflanzung unbedingt an die Lichtverhältnisse.

PROJEKT 1: QUADRATBEET

Der Rahmen für das Quadratbeet wird aus 15 bis 20 cm breiten Brettern angefertigt. Lärchenholz ist haltbarer als einfaches Leimholz aus Kiefer oder Fichte. Die Beetbreite sollte 120 cm nicht überschreiten, damit man bei der Bearbeitung von beiden Seiten bis zur Mitte kommt. Die Beetlänge kann an den Standort angepasst werden. Für ein Raster von 30 x 30 cm mit einem 10 mm dicken Bohrer etwa 2 bis 3 cm unter der Oberkante der Bretter und im Abstand von 30 cm Vertiefungen (keine Löcher!) bohren und Holzstäbe darin ver-

keilen. So können diese beim Befüllen des Beetes und später nach dem Abernten herausgenommen werden. Das vereinfacht die Beetbearbeitung. Die Beetecken durch Kanthölzer verstärken.

Steht das fertig gebaute Beet an seinem Platz, nehmen Sie die Stäbe heraus und füllen Erde ein. In ein 120 x 120 cm großes Beet mit einer Höhe von 19 cm passen etwa 280 l Erde. Mischen Sie das Substrat aus 140 l Gartenerde, 70 l Kompost und 70 l Blumenerde. Harken Sie die Erde glatt und stecken Sie die Holzstäbe wieder in die Vertiefungen. Fertig ist ein pflanzfertiges Quadratbeet!

Das brauchen Sie:

4 Lärchenholzbretter
(120 cm Länge x 19 cm Breite x 27 mm Stärke)
4 Kanthölzer
(19 cm Länge x 3 cm Breite x 4 cm Stärke)
6 Rundstäbe
(1 cm Durchmesser, 120 cm Länge)
16 Holzschrauben aus Edelstahl (60 x 6 mm)
Akkuschrauber mit passendem Bit für die Schrauben, je einen 5- und 10-mm-Holzbohrer
Jungpflanzen und Saatgut (z. B. entsprechend den Anbauplänen > Seite 124–125)

Für kletterndes Gemüse befestigen Sie ein Rankgitter, das über mehrere Quadrate reicht. Die hier abgebildete Rankhilfe wird mit Draht oder Kabelbindern an zwei Pflanzstäben, die tief im Boden stecken, befestigt. An dem Gitter können z. B. Erbsen oder Feuerbohnen wachsen. ↓

← Der Platz für das Quadratbeet wird eingeebnet und glatt geharkt. Stehen mehrere Beete nebeneinander, richten Sie die Kästen geradlinig an einer gespannten Schnur aus, oder stellen Sie die Kästen versetzt auf.

← *Für eine schützende Kuppel über dem Quadratbeet bohren Sie Löcher senkrecht in die Kanthölzer an den Ecken des Rahmens und stecken die Enden biegsamer Stöcke in die jeweils gegenüberliegenden Löcher. In der Mitte verbinden Sie die Stäbe mit einem Kabelbinder. Im Frühjahr dient eine über die Stangen gelegte Folie zum Schutz vor Kälte, im Sommer hält ein Kulturschutznetz Schädlinge von Ihren Gemüsepflanzen fern.*

Die Schablonen verdeutlichen die Pflanzschemata in einem Quadratbeet. Jede Pflanzenart kann entweder der 1er-, 5er-, 9er- oder 16er-Schablone zugeordnet werden. Bei Säkulturen kommen zwei Samen in jedes Loch. Sollten zu viele Pflanzen auflaufen, werden überzählige weggezupft. →

← *Am Kopfende dieses Quadratbeets ist ein 180 cm hohes Rankgitter, gebaut aus Pflanzstäben und einem Jutenetz, befestigt. An dem Gitter wachsen Wildtomaten und Mexikanische Minigurken. Wildtomaten sind sehr wüchsig, können aber mit einer Gartenschere problemlos zurückgeschnitten werden.*

PROJEKT 1: ANBAUPLÄNE

Bei der Bepflanzung eines Quadratbeets sind Ihrer Fantasie kaum Grenzen gesetzt. Die beispielhaften Anbaupläne sind für 120 × 120 cm große Beete mit 16 kleinen Quadraten konzipiert. Ende März können Sie mit frühen Gemüsearten, denen auch eine Frostnacht nichts ausmacht, beginnen. Nach der Ernte werden die empfindlicheren Sommergemüse nachgepflanzt. Rohkostfans können sich auch auf eine Bepflanzung mit Salaten spezialisieren. Sie sind schnellwüchsig, und bei verschiedenen Arten haben Sie bis in den Herbst Zutaten für eine bunte Salatschüssel. Als vierten Vorschlag finden Sie einen Pflanzplan für ein duftendes Kräuterbeet.

Frühlingsquadrat

1 je 5 Kopfsalate 'Maikönig'

2 16 Radieschen 'Saxa'

3 16 Spinat 'Matador'

4 5 Kohlrabi 'Azur Star'

5 9 rote Steckzwiebeln

6 je 16 Frühmöhren

7 je 1 buntstieliger Mangold

8 9 Asia-Salate

9 16 Rucola 'Speedy'

10 9 weiße Steckzwiebeln

11 5 Kohlrabi 'Lanro'

12 16 Spinat 'Red Cardinal'

13 16 weiße Radieschen 'Eiszapfen'

In der Frühlingsbepflanzung sind nur Arten berücksichtigt, die schon Ende März bis Anfang April ausgepflanzt oder gesät werden können. Nach der Ernte folgt dann quadratweise die Sommerbepflanzung.

Sommerquadrat

1 je 5 Buschbohnen 'Purple Teepeeh'

2 je 5 Buschbohnen 'Maxi'

3 je 5 Fenchel 'Rondo'

4 je 9 Feldsalate 'Vit'

5 je 1 buntstieliger Mangold

6 5 Pflücksalate 'Lollo bionda'

7 5 Eichblattsalate 'Pasha'

8 je 4 Endivien 'Diva'

9 5 Romana-Salate

10 9 Lauch 'Bavaria'

Der bunte Mangold aus der Frühjahrsbepflanzung bleibt das ganze Jahr über stehen. Von ihm ernten Sie laufend die äußeren Blätter. Alle anderen Quadrate werden nach und nach mit den wärmeliebenden Sommergemüsearten bepflanzt.

Salatquadrat

1 je 1 Kapuzinerkresse (*Tropaeolum minor*)

2 16 Spinat 'Matador'

3 je 9 Asia-Salate

4 je 5 Multi-Leaf-Salate

5 5 Pflücksalate 'Lollo rosso'

6 je 5 Romana-Salate

7 je 9 Schnittmangold 'Charlie'

8 je 16 Rucola 'Speedy'

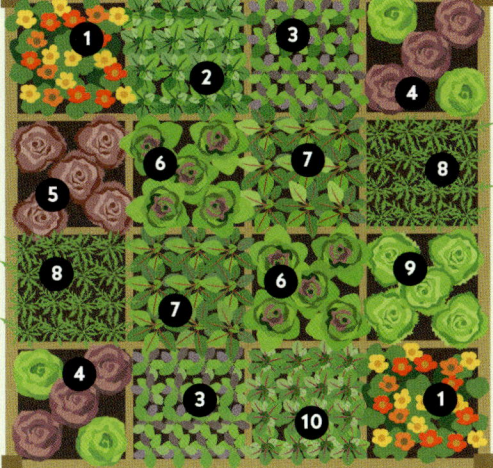

9 5 Pflücksalat 'Lollo bionda'

10 16 Spinat 'Red Cardinal'

Auch Spinat und Mangold können roh als Salat verspeist werden. Kopfsalate vertragen die Sommerhitze nicht. Daher Endivien oder Feldsalat nachpflanzen. Kapuzinerkresse liefert schmackhafte Blüten. Die Art *Tropaeolum minor* bleibt klein und wuchert nicht.

Kräuterquadrat

1 1 Rucola scharf

2 1 Pimpinelle

3 1 Majoran

4 1 Salbei 'Berggarten'

5 16 Kerbel 'Vertissimo'

6 je 5 Ringelblumen

7 je 9 Dill 'Vierling'

8 16 Koriander 'Cilantro'

9 1 Rotes Basilikum

10 1 Grünes Basilikum

11 1 Glatte Petersilie

12 1 Schnittlauch mit dünnen Röhren

13 1 Schnittlauch mit dicken Röhren

14 1 Krause Petersilie

In einem Kräuterquadratbeet können Sie viele verschiedene Würzpflanzen anbauen. Achten Sie darauf, dass diese ähnliche Ansprüche haben. Mediterrane Kräuter werden in ein eigenes Beet gesetzt. Vorsicht mit wuchernden Arten wie Minze!

PROJEKT 2: BÄCKERKISTEN

Bäckerkisten heißen im Fachjargon »Eurobehälter, durchbrochen«. Die Kisten sind sehr haltbar und können über viele Jahre als Pflanzgefäß genutzt werden. Sie haben eine Grundfläche von 40 x 60 cm, sodass vier Kisten genau auf eine Europalette passen. Man baut Bäckerkisten in der Regel doppelstöckig auf, um eine angenehme Arbeitshöhe zu erreichen. Soll Ihr Bäckerkistenbeet mobil sein, also sich mit einem Hubwagen transportieren lassen, bauen Sie es auf einer oder mehreren Europaletten auf. Spielt die Mobilität keine Rolle, können Sie auch ein schmaleres Beet auf einer Konstruktion aus Dachlatten errichten. Bäckerkisten werden wie kleine Gemüsebeete genutzt. Sie können in den Kisten Rillen ziehen, um etwas auszusäen, Jungpflanzen in Reihen setzen oder größere Pflanzen, wie Zucchini und Kürbis, einzeln in die Kiste setzen. Jede Kiste steht für sich, darum ist es auch möglich, mit unterschiedlichen Substraten die Ansprüche verschiedener Pflanzen zu erfüllen. Für eine Kiste mit schwachzehrenden, mediterranen Kräutern ist z. B. eine weniger nährstoffreiche Kräutererde förderlich.

Das brauchen Sie:

1 Europalette (120 cm Länge x 80 cm Breite)
8 Bäckerkisten (etwa 35 cm Höhe)
dicke Pappe/dickes Vlies
160 l grob geschnittenes/gehäckseltes Holz
330 l Grünschnittkompost
160 l torffreie Universal- oder Gemüseerde
Jungpflanzen und Saatgut (z. B. entsprechend den Anbauplänen > Seite 128–129)

Der Boden der oberen Kiste wird nicht mit Vlies ausgelegt, damit die Pflanzen bis in die untere Kiste einwurzeln können. Ist die Kiste höher als 25 cm, füllen Sie zuerst Grünschnittkompost und dann Gemüseerde ein. Flache Kisten nur mit Gemüseerde auffüllen. ↓

← Kleiden Sie die Wände und den Boden der unteren Kiste mit Vlies oder Pappe aus. Eine geeignete und kostengünstige Füllung besteht zur Hälfte aus gehäckseltem Holz, aufgefüllt wird mit Grünschnittkompost.

← *Frühgemüse wie Kohlrabi, verschiedene Salate, Möhren und Steckzwiebeln können schon ab Ende März oder Anfang April in die Erde. Die wärmeliebenden Vertreter pflanzen Sie ab Mitte Mai nach. Zu diesen Gemüsearten zählen beispielsweise Tomaten, Paprika, Gurken und Buschbohnen. Für Hochbeete wählen Sie am besten eine klein bleibende Balkontomate wie die etwa 60 bis 70 cm hohe Sorte 'Bogus Fruchta'.*

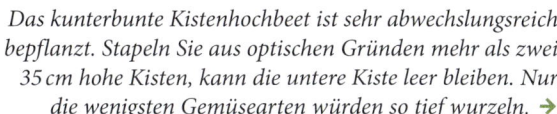

Das kunterbunte Kistenhochbeet ist sehr abwechslungsreich bepflanzt. Stapeln Sie aus optischen Gründen mehr als zwei 35 cm hohe Kisten, kann die untere Kiste leer bleiben. Nur die wenigsten Gemüsearten würden so tief wurzeln. →

← *Ausgiebiges Wässern gehört in den warmen Sommermonaten zu den täglichen Arbeiten an einem Kistenhochbeet. Gießen Sie am besten morgens oder abends, möglichst nicht in der prallen Mittagssonne.*

PROJEKT 2: ANBAUPLÄNE

Die folgenden vier Anbaupläne sind für ein Bäckerkistenhochbeet mit einer Stellfläche von 80 x 120 cm konzipiert. Die Größe entspricht einer Europalette. Auf der Palette stehen vier Kisten als Unterbau, darauf 4 Kisten, in die Pflanzen gesetzt werden. Sie können die Kisten bereits Ende März mit weniger frostempfindlichen Sorten bestücken. Nach der Ernte werden schrittweise die Sommergemüsearten ergänzt. Als weiteren Vorschlag finden Sie ein Naschbeet für Kinder mit Frühjahrs- wie auch mit Sommerbepflanzung. Hier sind nur Sorten berücksichtigt, die ohne Zubereitung direkt vom Beet genascht werden können.

Frühlingsbepflanzung

❶ Pflücksalat 'Lollo rosso'

❷ Gartenkresse

❸ Pflücksalat 'Lollo bionda'

❹ Rucola 'Speedy'

❺ rotstieliger Spinat 'Red Cadinal'

❻ Radieschen 'Cherry Belle'

❼ Radieschen 'Eiszapfen'

Die Kisten sind zweireihig konzipiert. Die äußeren Reihen von Kiste 1 & 2 werden komplett mit Salaten bepflanzt. In der 2. Reihe, zur Beetmitte, schließen sich außen jeweils ein weiterer Salat, dann die Reihen mit Gartenkresse an, die schnell erntereif ist und so einer Balkontomate und einer Snackpaprika Platz macht.

Sommerbepflanzung

❶ Rucola 'Ruca'

❷ Balkontomate

❸ Asia-Salat 'Red Giant'

❹ Snackpaprika

❺ Multi-Leaf-Salat

❻ Buschbohnen 'Purple Teepee'

❼ Rote Bete

Von der Frühlingsbepflanzung sind im Sommer noch die Tomate und die Snackpaprika im Beet. Alle anderen Gemüsearten werden abgeerntet und ersetzt. Es folgen immer Arten einer anderen Pflanzenfamilie nach, um der Ausbreitung von Pflanzenkrankheiten vorzubeugen.

Frühlingsnaschbeet für Kinder

1 Radieschen
'Easter Egg Mix'

2 Erbsen
'Kelvedon Wonder'

3 Wald-Erdbeeren

4 Frühmöhren
'Jeanette'

In der Mitte des Beetes ist ein Rankgitter aus zwei Pflanzstäben, zwischen die Kaninchendraht gespannt wird, befestigt. Daran klettern Erbsen empor. Weiterhin finden Möhren, Radieschen und Wald-Erdbeeren Platz im Beet.

Sommernaschbeet für Kinder

1 Balkontomaten
'Bogus Fruchta'

2 Lakritztagetes

3 Snackpaprika

4 Gewürztagetes
'Orange Gem'

5 Wald-Erdbeeren

6 Frühmöhren
'Jeanette'

Sind die Radieschen geerntet, können Sie vorgezogene Balkontomaten und Snackpaprika pflanzen. Erbsen sind etwa Ende Juni reif. Entfernen Sie dann auch das Rankgitter, damit Tomaten und Paprika mehr Licht bekommen. An den Platz der Erbsen können jetzt »Kinderkräuter« wie die essbaren Lakritz- und Gewürztagetes, die auch aus Samen vorgezogen werden.

PROJEKT 3: BIG-BAGS

Big-Bags, die großen Transportsäcke aus der Baubranche, gibt es in verschiedenen Größen. Ein 90 x 90 x 90 cm großer Sack steht gut auf einer Europalette. Wird das Beet auf einer Pflasterfläche aufgebaut, befestigen Sie ein Teichvlies auf der Palette. Braun gefärbtes, huminstoffhaltiges Wasser, das unter Umständen aus dem Sack auslaufen kann, wird durch das Vlies gefiltert. So lassen sich dunkle Flecken auf dem Pflaster vermeiden. Der Big-Bag muss nicht komplett mit Erde aufgefüllt werden. Krempeln Sie den oberen Rand des

Sackes um und ziehen Sie ihn bis auf eine Höhe von 60 cm nach unten. Bei einer Füllhöhe von 50 cm brauchen Sie etwa 400 l Substrat. Sie können strukturstabile Dachgartenerde verwenden, die während der Anbausaison weniger absackt. Kostengünstiger ist, die Säcke mit Holzschnitt, Grünschnittkompost und Gemüseerde zu füllen. Bei der Bepflanzung eines Big-Bags haben Sie viel Spielraum. Das große Erdvolumen erlaubt neben genügsamen Salaten auch den Anbau von größeren und starkzehrenden Gemüsearten wie Gurken, Kürbis, Zucchini, Zuckermais oder Kartoffeln.

Das brauchen Sie:

1 Europalette (120 cm Länge x 80 cm Breite)
1 Big-Bag (je 90 cm Länge, Breite und Höhe)
80 l (etwa 10 cm Füllhöhe) grobe Holzhäcksel
120 l Grünschnittkompost
200 l Universal- oder Gemüseerde, kann auch mit Gartenerde und Kompost gemischt sein
Jungpflanzen und Saatgut (z. B. entsprechend den Anbauplänen > Seite 132–133)

Die letzte Schicht der Füllung im Big-Bag besteht aus Gemüseerde oder einer Mischung aus Gartenerde und Kompost. Lassen Sie einen Gießrand von etwa 10 cm frei, damit beim Wässern das kostbare Nass nicht ausläuft. ↓

← *Die großen Säcke können schichtweise, wie ein Hochbeet, gefüllt werden: zuunterst grobe Holzhäcksel, z. B. vom Strauchschnitt (ca. 10 cm), dann Grünschnittkompost, bis der Sack zur Hälfte voll ist.*

← Big-Bags können mit selbst gezogenen oder im Gartencenter erworbenen Jungpflanzen bestückt werden. Verteilen Sie die Zöglinge zuerst in Töpfen auf der Fläche. Dann topfen Sie die Jungpflanzen aus, graben mithilfe einer Handschaufel ein Loch und setzen die Wurzelballen in die Erde. Drücken Sie die Ballen gut an, damit die Pflanzen fest in der Erde stehen. Zuletzt gießen Sie jede Pflanze mit einer Gießkanne ohne Brause vorsichtig an.

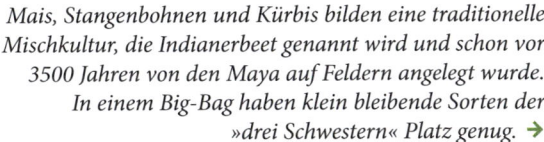

Mais, Stangenbohnen und Kürbis bilden eine traditionelle Mischkultur, die Indianerbeet genannt wird und schon vor 3500 Jahren von den Maya auf Feldern angelegt wurde. In einem Big-Bag haben klein bleibende Sorten der »drei Schwestern« Platz genug. →

← Big-Bags haben ein großes Volumen und können in der Erde viel Wasser und Nährstoffe speichern. Daher wachsen in den Säcken auch größere und starkzehrende Pflanzen. Im Vordergrund sind Gurken und Brokkoli zu sehen, weiter hinten Zucchini und Kapuzinerkresse.

PROJEKT 3: ANBAUPLÄNE

Während man in den relativ teuren Hochbeeten stets versucht, schnellwachsendes Gemüse anzubauen, um das Beet optimal auszunutzen, können Sie bei den Big-Bags ruhig etwas verschwenderischer sein. Reicht ein Sack nicht aus, stellen Sie eben zwei auf, denn Big-Bags sind sehr günstig zu bekommen. Sie müssen nur Platz genug haben. Hier finden Sie vier Bepflanzungsvorschläge, die in einem Big-Bag nicht verloren, sondern sehr üppig wirken. Auf eine regelmäßige Bewässerung und Nachdüngung ist zu achten, da viele der empfohlenen Pflanzen zu den Starkzehrern gehören und überdies viel Wasser benötigen.

Italienisches Beet

1 je 1 Buschtomate 'Vilma'

2 1 Snackpaprika 'Lugeba'

3 1 Chili 'De Cayenne'

4 je 1 Glatte Petersilie 'Gigante d'Italia'

5 je 1 Basilikum 'Genoveser'

6 je 1 Rosmarin 'Veitshöchheim'

7 je 1 Thymian 'Varico'

In diesem Beet finden klein bleibende Buschtomaten, Snackpaprika und Chilis Platz. Typische italienische Kräuter bilden die Unterpflanzung. Dabei werden Basilikum und Petersilie direkt in den Sack gesetzt, Thymian und Rosmarin kommen erst in Töpfe mit magerem Substrat und dann mit Topf in die Erde.

Indianerbeet

1 je 1 Zuckermais 'Bantam'

2 je 2 Stangenbohnen 'Blauhilde' pro Maispflanze

3 1 Kürbis 'Jack be little', in die Mitte gepflanzt

Ein Indianerbeet ist eine Mischkultur aus Mais, Stangenbohnen und Kürbis. Der Mais braucht etwas Vorsprung und wird ab Mitte Mai, 2 Wochen vor den Bohnen und dem Kürbis, gepflanzt. Die Bohnen ranken am Mais empor, der Kürbis beschattet den Boden. Mit klein bleibenden Sorten klappt die Mischung gut.

Kartoffelsack

1 je 1 Pflanzkartoffel
'Annabelle', gelb-
schalig, früh, fest

2 je 1 Pflanzkartoffel
'Linda', gelbschalig,
mittelfrüh, fest

3 je 1 Pflanzkartoffel
'Cheyenne', rotscha-
lig, mittelfrüh, fest

4 je 1 Pflanzkartoffel
'Blauer Schwede',
Schale und Frucht-
fleisch blau, früh

Den Sack zunächst mit
Holzhäcksel und 10 cm
Erde (1 Teil Kompost,
2 Teile Gartenerde)
befüllen, die Kartoffeln
obenauflegen und mit
10 cm Erde abdecken.
Sobald sie eine Handbreit
aus dem Boden schauen,
Substrat nachfüllen, bis
nur noch die Blattspitzen
herausragen. Wiederho-
len Sie den Vorgang, bis
der Sack voll ist.

Himbeer-Walderdbeer-Beet

1 16 Wald-Erdbeeren

2 4 Himbeerpflanzen,
z. B. die sehr aroma-
tische Wald-Himbeere
'Aroma Queen'

Die Bepflanzung mit
Himbeeren und Wald-
Erdbeeren ist dauerhaft,
sie kann über mehrere
Jahre bestehen bleiben.
Entscheiden Sie sich für
Herbsthimbeeren, können
Sie von August bis zum
ersten Frost ernten. Ende
Februar schneiden Sie
dann alle Ruten komplett
ab, da Herbsthimbeeren
nur an den diesjährigen
Trieben fruchten.

PROJEKT 4: HOCHBEET

Kennzeichnend für ein Hochbeet ist nicht nur die erhöhte Bauweise, sondern auch seine spezielle Füllung. Klassischerweise besteht das Beet aus drei Schichten: Die unterste Lage bildet grober, noch unverrotteter Strauchschnitt, darüber folgt eine Schicht aus halb verrottetem Kompost und schließlich die Pflanzschicht aus Gemüseerde, Universalerde oder einer Mischung aus Gartenerde und reifem Kompost. Diese Art der Füllung hat den Vorteil, dass die Zersetzung der organischen Materialien für eine ausreichende Nähr-stoffzufuhr sorgt. Leider sackt die Füllung durch die Umsetzungsprozesse im Boden jedoch relativ schnell in sich zusammen. Darum muss ein Hochbeet jedes Jahr um mehrere Zentimeter aufgefüllt werden. Sie können den Verrottungsprozess etwas verlangsamen, indem Sie aufrecht stehendes Kaminholz als unterste Schicht verwenden. Der Nachfüllbedarf an Erde halbiert sich so in etwa. Ein frisch gefülltes Hochbeet wird kräftig angegossen. Lassen Sie der Erde einige Tage Zeit, sich zu setzen. Füllen Sie noch einmal feine Erde nach und beginnen Sie erst dann mit der Bepflanzung.

Das brauchen Sie:

1 Hochbeet
(180 cm Länge x 120 cm Breite x 85 cm Höhe)
Strauch- und Baumschnitt, Füllhöhe ca. 30 cm, ersatzweise ca. 200 Kaminholzscheite
650 l Rohkompost, reicht für 25 cm Füllhöhe und Auffüllung der Lücken zwischen dem Strauchschnitt
650 l Gemüse- oder Universalerde, Füllhöhe ca. 30 cm
Jungpflanzen und Saatgut (z. B. entsprechend den Anbauplänen > Seite 136–137)

Fallen Rasensoden bei der Bodenvorbereitung für das Hochbeet an, können diese gleich für die Füllung verwendet werden. Sie müssen aber nicht zwangsläufig mit von der Partie sein. Die drei Hauptschichten, grobes Schnittgut – Rohkompost – feine Erde, sind ausreichend. ↓

← *Verwenden Sie statt Baum- und Strauchschnitt Kaminholz als unterste Schicht, sackt die Beetfüllung nicht so schnell ab. Stellen Sie die Scheite dicht zusammen und spülen Sie Erde in die Zwischenräume.*

← *Ende März können Sie mit der Bepflanzung eines Hochbeets beginnen. Verschiedene Salate, Kohlrabi, Radieschen, Steckzwiebeln und Frühmöhren vertragen auch tiefere Temperaturen. In vielen Gartencentern stehen zu dieser Zeit die ersten Jungpflanzen zum Verkauf bereit.*

Praktisches Zubehör: Der hier abgebildete Frühbeetaufsatz macht aus dem Hochbeet ein Gewächshaus. Er schützt vor Frost, und die Luft unter dem geschlossenen Aufsatz erwärmt sich bei Sonneneinstrahlung sehr schnell. Damit können Sie noch früher im Jahr erste Pflanzen einsetzen. →

← *Mitte bis Ende Mai sind die ersten frühen Gemüsekulturen schon geerntet. Zu diesem Zeitpunkt können auch die frostempfindlichen Pflanzen wie Tomaten, Auberginen, Paprika und Bohnen ins Freie ausgepflanzt werden. Denn mit Temperaturen unter 0 °C muss man nun nicht mehr rechnen.*

PROJEKT 4: ANBAUPLÄNE

Mit einem Hochbeet möchten die meisten Menschen ihren Eigenbedarf an frischem Gemüse decken. Das gelingt am ehesten, wenn Sie schnell wachsende Gemüsearten anpflanzen. Mit Salat und Co. können Sie bis zu drei Mal von der Fläche ernten. Alternativ zu Gemüse bietet sich ein

Hochbeet auch zum ausschließlichen Anbau von Kräutern an. Das liefert der Küche eine Vielfalt an frischen, aromatischen Würzpflanzen. Der letzte Bepflanzungsvorschlag ist für Müslifans gedacht, denn mit eigenen Beeren gespickt schmeckt's gleich doppelt so gut. Die Anbaupläne sind auf eine Beetfläche von 120 × 180 cm abgestimmt.

Frühlingsbeet

1 Frühmöhren 'Milan'

2 Steckzwiebeln 'Stuttgarter Riesen'

3 Radieschen 'Cherry Belle'

4 Asia-Salat 'Red Giant'

5 Spinat 'Red Cardinal'

6 Rucola 'Speedy'

7 Kopfsalat 'Maikönig'

8 Kohlrabi 'Azur Star'

Hochbeete erwärmen sich schnell, so kann es schon Ende März mit dem Anbau losgehen. Möhren, Radieschen, Asia-Salat, Spinat und Rucola werden ausgesät, Kopfsalate und Kohlrabi als Jungpflanzen gekauft und ausgepflanzt. Die Brutzwiebeln im Abstand von 5 cm mit der Spitze nach oben 1 cm tief in den Boden drücken.

Sommerbeet

1 Feldsalat

2 Eichblattsalat 'Pascha' & Pflücksalat 'Lollo bionda'

3 je 1 Buschtomate 'Vilma'

4 1 Chili 'De Cayenne'

5 1 Mini-Aubergine 'Ophelia'

6 je 1 Basilikum 'Genoveser'

7 9 Rote Bete

8 1 Reihe Buschbohnen 'Maxi'

Mitte bis Ende Mai sind die frühen Gemüse abgeerntet. Das Beet kann mit wärmeliebenden Arten neu gestaltet werden. Die Möhren bleiben bis Ende Juli, danach nimmt Feldsalat ihren Platz ein. Wer keine Roten Beten mag, pflanzt Fenchel oder sät noch einmal Rucola aus.

Kräuterbeet

1 je 1 Petersilie 'Mooskrause',

2 1 Petersilie 'Gigante d'Italia '

3 je 1 Schnittlauch,

4 1 Schnittknoblauch

5 1 Franz. Estragon

6 je 1 Basilikum 'Genoveser'

7 2 rankende Kapuzinerkresse

8 1 Pimpinelle

9 3 Thymian

10 Dill, Aussaat

11 1 Rosmarin 'Arp'

12 1 Salbei 'Purpurascens'

13 2 Oregano 'Hot & Spicy'

Im Kräuterbeet sind links Mittelzehrer angesiedelt, die gut gewässert werden müssen. Die mediterranen Arten rechts bevorzugen wenig Wasser und einen mageren Boden. Daher wird hier ein Drittel der oberen Füllschicht durch Sand ersetzt. Gießen Sie diese Seite deutlich sparsamer.

Naschobstbeet

1 7 Erdbeerpflanzen 'Mara de Bois', immertragend

2 1 Kulturheidelbeere 'Poppins'

3 je 1 Ananaskirsche

4 7 Erdbeerpflanzen 'Daria', immertragend

Heidelbeeren benötigen ein saures Substrat. Stellen Sie daher beim Befüllen des Naschobstbeetes einen Maurerkübel (mit Bodenlöchern) auf die Holzschicht, der mit der Hochbeetoberkante abschließt. Diesen mit Rhododendronerde füllen und die Heidelbeere einpflanzen.

REGISTER

BEZUGSQUELLEN

Ab-in-die-Box,
Am Schwimmbad 1,
34477 Twistetal-Twiste,
www.ab-in-die-box.de
(Bäckerkisten)

Auer Packaging,
Am Kroit 24-27,
8313 Amerang,
www.auer-packaging.de
(Bäckerkisten)

Dreschflegel GbR,
In der Aue 31,
37202 Witzenhausen,
www.dreschflegel-saatgut.de
(Saatgut)

Bingenheimer Saatgut AG,
Kronstraße 24,
61209 Echzell,
www.bingenheimersaatgut.de
(Saatgut)

**Dehner Gartencenter GmbH &
Co. KG,**
Donauwörther Str. 3–5,
D-86641 Rain,
www.dehner.de

Gartenfrosch GmbH,
Bierweg 1a,
86492 Egling an der Paar,
www.gartenfrosch.com

Geco-Gardens,
(in Kooperation mit der
LVG-Heidelberg),
Bastian Winkler (M.Sc. agr.),
Birkheckenstr. 12,
70599 Stuttgart,
www.geco-gardens.de

Garten und Gabel,
Lassdrift 1a,
21129 Hamburg
www.gartenundgabel.de
(Säcke, Taschen und Gefäße zum
Pflanzen, Bio-Saatgut, Gartengeräte, Handschuhe und andere
nützliche Accessoires)

Gusta Garden GmbH,
Eschenweg 16,
A-9551 Bodensdorf,
www.gustagarden.com

PLUS A/S,
Ådalen 13B,
DK-6600 Vejen,
Dänemark,
www.plus.dk/de

**Rühlemann´s Kräuter
und Duftpflanzen,**
Auf dem Berg 2,
27367 Horstedt,
www.kraeuter-und-duftpflanzen.de
(Kräuter)

Schroth-Paletten GmbH,
Gärtnerstraße 5,
74579 Neustädtlein,
www.schroth-paletten.de
(starre Rahmen für mobile
Hochbeete)

Staudengärtnerei Gaißmayer,
Jungviehweide 3,
89257 Illertissen,
www.gaissmayer.de
(u.a. große Auswahl winterharter
Küchenkräuter)

Volmary GmbH,
Kaldenhofer Weg 70,
48155 Münster,
www.volmary.com

BÜCHER

**Appel Silvia: Naschbalkon für
Faule.** Gräfe und Unzer Verlag,
München

**Baumjohann Dorothea: Alles
Hochbeet!** BLV, München

**Baumjohann Dorothea: Gärtnern
in Sack, Box & Co.** BLV, München

**Baumjohann Dorothea: Kisten-
gärtnern.** BLV, München

**Breckwoldt Michael: Der Selbst-
versorger Balkon:** Das Monat-für-
Monat-Konzept. BLV, München

**Breckwoldt Michael: Der Selbst-
versorger Balkon: Pflanzen ·
Standorte · Gefäße.** BLV, München

Grabner Melanie: Balkonernte.
Franckh-Kosmos, Stuttgart

**Heistinger Andrea, Arche Noah:
Handbuch Bio-Balkongarten.**
Ulmer Verlag, Stuttgart

**Herr Esther: Selbstversorgung
auf kleinstem Raum.** Gräfe und
Unzer Verlag, München

**Koch Robert: Gärtnern auf
Balkon und Terrasse.** Franckh
Kosmos, Stuttgart

Mayer Joachim: Mini-Hochbeete.
Gräfe und Unzer Verlag, München

Schacht Mascha: Balkon Basics.
Gräfe und Unzer Verlag, München

GARTENWISSEN

aid Infodienst
Ernährung, Landwirtschaft, Ver-
braucherschutz e.V.
Heilsbachstraße 16
53123 Bonn
www.aid.de

**Bayerische Landesanstalt für
Weinbau und Gartenbau (LWG),**
An der Steige 15,
97209 Veitshöchheim,
www.lwg.bayern.de

Hortipendium
Das grüne Lexikon
Wiki für die grünen Berufe und
Freizeitgartenbau
www.hortipendium.de

AUTOREN

Dorothea Baumjohann
absolvierte zunächst eine Ausbildung als Gärtnerin im Bereich Blumen- und Zierpflanzen. Nach mehreren Praxisjahren in verschiedenen Gärtnereien und im Botanischen Garten Osnabrück studierte sie Gartenbau an der Fachhochschule Osnabrück mit dem Abschluss Diplom-Ingenieurin. 1998 gründete sie »Die grüne Kamera«, eine Bildagentur für Gartenfotos mit den Schwerpunktthemen Pflanzenschutz und Gartenpraxis. Die Bilder werden in verschiedenen nationalen und internationalen Gartenzeitschriften veröffentlicht. Im Frühjahr 2016 hat sie eine zweijährige Fortbildung zur Gartentherapeutin abgeschlossen.

Mehr Informationen unter:
www.gruene-kamera.de

Michael Breckwoldt
hat Gartenbau sowie Philosophie und Literaturwissenschaft studiert und verfügt über viele eigene praktische Erfahrungen in der Anlage von Gärten sowie als Balkongärtner. Nach dem Studium machte er sich als Journalist und Autor selbstständig. Für einige Jahre leitete er das Gartenressort der erfolgreichen Lifestyle-Zeitschrift »Living at home«, seit 2007 ist er zusammen mit dem Food-Journalisten Martin Lagoda als freier Buch- und Magazinautor tätig und betreut zudem die Website Garten und Gabel.

Mehr Informationen unter:
www.gartenundgabel.de

BILDNACHWEIS

Umschlag: U1: Shutterstock/Del Boy; U4: Dorothea Baumjohann.

Adobe Stock S. 2, 3, 9, 18, 28-1, 36-2, 37-5, 38-1, 40-4, 40-6, 42-2, 42-4, 43-1, 43-2, 43-4, 44-1, 45-3, 45-4, 45-6, 47-2, 47-3, 47-5, 48-4, 48-5, 49-1, 60-2, 72-1, 74-2, 77-2, 91-3, 117-2; **Alamy** S. 56, 61-1, 64, 75-1, 76-2, 77-1, 79-2, 81-1, 91-2, 134-2; **Dorothea Baumjohann/Die grüne Kamera** S. 24, 25, 28-2, 29, 35, 36-1, 36-5, 37-1, 37-2, 37-4, 38-2, 38-4, 38-6, 39-1, 39-3, 39-4, 40-1, 40-3, 41-6, 42-1, 42-3, 42-5, 43-3, 43-5, 43-6, 44-2, 44-3, 44-4, 44-5, 45-1, 45-2, 45-5, 46-1, 46-2, 46-3, 46-4, 46-5, 47-1, 47-4, 47-6, 48-1, 48-2, 49-3, 48-6, 49-2, 49-4, 49-6, 59, 61-2, 62-2, 63-2, 66, 67, 68, 69-2, 70, 71, 78-1, 79-1, 81-2, 90, 91-1, 108, 109-2, 112-2, 116, 121-123, 126, 127, 130, 131, 134-1, 135-1, 135-3, 142-1; **Botanikfoto** S. 69-1; **F1 Online** S. 32; **Flora Press** S. 39-2, 41-4, 49-5; **Friedrich Strauss** S. 16, 112-1, 113; **GAP Gardens** S. 20, 21, 40-2, 51, 65-1, 74-1, 87-3, 102, 103, 109-3; **Garden World Images** S. 44-6; **Getty Images** S. 6, 13, 46-6, 78-2; **iStock** S. 10, 14, 15, 17, 23, 31, 36-6, 37-3, 37-6, 38-3, 38-5, 39-5, 39-6, 40-5, 41-2, 41-3, 42-6, 63-1, 72-2, 76-1, 85; **Kullmann & Partner GbR/Kristjan Matic** S. 86, 87-1, 87-2, 94, 95, 98, 99; **Sabrina Rothe** S. 4, 142-2; **Seasons Agency** S. 73-1; **Shutterstock** S. 36-3, 36-4, 41-5, 52, 60-1, 107; **Stocksy** S. 41-1, 73-2, 75-2, 82; **Vario Images** S. 19; **Hersteller** Bayerische Gartenakademie, LWG Veitshöchheim S. 65-2, 117-3; Gartenfrosch, www.Gartenfrosch.com S. 135-2; Gusta Garden, www.gustagarden.com S. 117-1; Dehner Gartencenter GmbH & Co. KG, www.dehner.de S.62-1; LVG-Heidelberg/Geco-Gardens.de S. 80-1; Plus DK, www.plus.dk/de S. 109-1; Volmary GmbH, volmary.com S. 48-3.

Illustrationen: Marion Feldmann S. 88, 89, 92, 93, 96, 97, 100, 101, 104, **105**, 110, 111, 114-115, 118, 119, 124, 125, 128, 129, 132, 133, 136, 137; Nadia Gasmi S. 27, 80-2.

GARTENLUST PUR.

ISBN 978-3-8338-6450-6

ISBN 978-3-8338-7352-2

ISBN 978-3-8338-3936-8

ISBN 978-3-8338-6869-6

ISBN 978-3-8338-7404-8

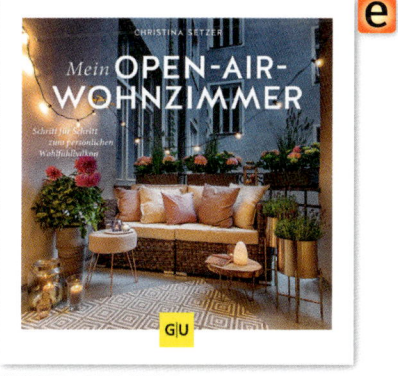

ISBN 978-3-8338-6839-9

 Auch als eBook erhältlich.

IMPRESSUM

© 2020 GRÄFE UND UNZER VERLAG GmbH, München.

Projektleitung: Sonja Forster

Lektorat: Dr. Stefanie Gronau

Bildredaktion: Nadia Gasmi

Korrektorat: Annette Baldszuhn

Umschlaggestaltung:
independent Medien-Design, Horst Moser, München

Layout: grafikdesign Marion Feldmann, Schrobenhausen

Herstellung: Susanne Fuhrmann

Satz: Longo AG, Bozen

Repro: Longo AG, Bozen

Druck & Bindung: aprinta druck GmbH, Wemding

ISBN 978-3-8338-7354-6

1. Auflage 2020

Printed in Germany

Umwelthinweis:
Dieses Buch ist auf PEFC-zertifiziertem Papier aus nachhaltiger Waldwirtschaft gedruckt.

Die GU-Homepage finden Sie unter www.gu.de

 www.facebook.com/gu.verlag

LIEBE LESERINNEN UND LESER,
wir wollen Ihnen mit diesem Buch Informationen und Anregungen geben, um Ihnen das Leben zu erleichtern oder Sie zu inspirieren, Neues auszuprobieren. Wir achten bei der Erstellung unserer Bücher auf Aktualität und stellen höchste Ansprüche an Inhalt und Gestaltung. Alle Anleitungen und Rezepte werden von unseren Autoren, jeweils Experten auf ihren Gebieten, gewissenhaft erstellt und von unseren Redakteuren/innen mit größter Sorgfalt ausgewählt und geprüft.

Haben wir Ihre Erwartungen erfüllt? Sind Sie mit diesem Buch und seinen Inhalten zufrieden? Haben Sie weitere Fragen zu diesem Thema? Wir freuen uns auf Ihre Rückmeldung, auf Lob, Kritik und Anregungen, damit wir für Sie immer besser werden können. Und wir freuen uns, wenn Sie diesen Titel weiterempfehlen, in Ihrem Freundeskreis oder bei Ihrem online-Kauf.

Sollten wir Ihre Erwartungen so gar nicht erfüllt haben, tauschen wir Ihnen Ihr Buch jederzeit gegen ein gleichwertiges zum gleichen oder ähnlichen Thema um.

KONTAKT
GRÄFE UND UNZER VERLAG
Leserservice
Postfach 86 03 13
81630 München
E-Mail: leserservice@graefe-und-unzer.de

Telefon: 00800 / 72 37 33 33*
Telefax: 00800 / 50 12 05 44*
Mo–Do: 9.00–17.00 Uhr
Fr: 9.00–16.00 Uhr
(*gebührenfrei in D,A,CH)

GRÄFE
UND
UNZER

Ein Unternehmen der
GANSKE VERLAGSGRUPPE